DE LA

LEX COMMISSORIA DANS LA VENTE

EN DROIT ROMAIN

(Digeste. Livre XVIII. Titre 3)

DE LA

RÉSOLUTION DE LA VENTE

POUR DÉFAUT DE PAIEMENT DU PRIX

EN DROIT FRANÇAIS

PAR

Léopold CESARE

PARIS

ALPHONSE DERENNE

52, Boulevard Saint-Michel, 52

1881

DE LA

LEX COMMISSORIA DANS LA VENTE

EN DROIT ROMAIN

(Digeste. Livre XVIII. Titre 3)

———

DE LA

RÉSOLUTION DE LA VENTE

POUR DÉFAUT DE PAIEMENT DU PRIX

EN DROIT FRANÇAIS

PAR

Léopold CESARE

PARIS

ALPHONSE DERENNE

52, Boulevard Saint-Michel, 52

1881

DROIT ROMAIN

DE LA LEX COMMISSORIA DANS LA VENTE

(Digeste, Livre XVIII, titre 3).

INTRODUCTION

Dans la législation française actuelle comme dans la plupart des législations étrangères de notre époque, le vendeur est un créancier particulièrement favorisé auquel la loi, pour le prémunir contre l'insolvabilité éventuelle de l'acheteur, assure diverses garanties, telles que le privilège et l'action en résolution. Mais le vendeur n'a pas joui de tout temps de telles faveurs.

Il nous paraît utile, au début de ce travail, d'indiquer en quelques mots, quelle était sa situation au point de vue de la législation romaine. Ce point établi, il sera plus aisé de comprendre l'utilité de l'institution qui fait l'objet de cette étude, et aussi de voir le chemin parcouru et les progrès réalisés par le législateur moderne.

Nous pouvons poser comme principe que le droit romain traitait le vendeur créancier du prix de vente, ni plus ni moins favorablement que tout autre créancier. Nous entendons par là qu'aucune garantie légale n'était attachée à la créance du prix de vente. Le vendeur n'avait donc ni privilège, ni action en résolution en vertu d'un texte de loi quelconque. Néanmoins, le vendeur se trouvait protégé d'une autre façon, indirectement pour ainsi dire, car on faisait en sa faveur une exception aux règles de la tradition. Ainsi, tandis que la tradition effectuée en vertu d'une juste cause transfère la propriété à l'*accipiens*, celle qui est faite par le vendeur ne rend pas l'acheteur propriétaire tant que le prix n'a pas été payé, à moins que le vendeur n'ait suivi la foi de l'acheteur.

Voyons donc quelle était exactement la situation faite au vendeur, en vertu du principe que nous venons d'énoncer.

Nous nous plaçons, pour examiner cette question, à l'époque où la vente est un contrat consensuel. Si l'on admet que ce contrat, sous cette forme, n'a pas existé dès l'origine (1) — ce qui est loin d'être établi — et que pendant une certaine période, le *nexum* a été seul admis, on reconnaîtra sans doute que les formes mêmes du *nexum* ont dû protéger efficacement le vendeur, car cet acte suppose toujours le paiement immédiat du prix. Mais plaçons-nous dans l'hypothèse de la vente contrat consensuel. Deux cas peuvent se présenter : ou le vendeur entend traiter au

1. Voir la réfutation de ce système enseigné par M. Ortolan dans le précis de Droit romain de M. Accarias. T. II, nᵒ 494, texte et note.

comptant avec l'acheteur, et alors il fait une vente pure et simple, ou bien, au contraire, il entend faire crédit à son débiteur, il a confiance en lui, il suit sa foi et lui accorde un terme.

Dans le premier cas, le vendeur peut se refuser à livrer la chose tant que l'acheteur n'est pas disposé à le payer. A-t-il eu même l'imprudence, de faire tradition de la chose, avant d'avoir été payé, cet acte est sans conséquence et ne peut lui nuire. En effet, d'après le principe énoncé plus haut, la tradition faite par le vendeur, en exécution d'une vente pure et simple, ne transfère la propriété que lorsque le prix a été payé : « *Venditœ vero res et traditœ non aliter emptori acquiruntur, quam si is venditori pretium solverit, vel alio modo ei satisfecerit, veluti expromissore aut pignore dato. Quod cavetur quidem etiam lege duodecim Tabularum, tamen recte dicitur et jure gentium, id est, jure naturali id effici* » (1). On voit que dans l'hypothèse qui nous occupe, le vendeur, restant propriétaire malgré la tradition, n'a pas à craindre de perdre à la fois et la chose et le prix ; aussi cette garantie a-t-elle été jugée suffisante à l'origine.

Dans le second cas, le vendeur ayant suivi la foi de l'acheteur, il en résulte qu'il a volontairement renoncé à la protection que la loi lui accordait. Par la tradition il s'est dépouillé de la propriété de la chose vendue : « *Sed si is qui vendidit fidem emptoris secutus est, dicendum est*

---

1. *Instit.* liv. II, tit. 1, § 41.

statim rem emptoris fieri » (1). Il est alors dans la situation d'un créancier ordinaire ; il ne peut que poursuivre l'exécution de sa créance par les voies légales, contre son débiteur ou ses cautions, ou faire vendre les gages s'il en a. En cas d'insolvabilité de son ou de ses débiteurs, il vient en concours avec les autres créanciers, et, s'il perd tout ou partie de sa créance, il n'a qu'à s'en prendre à lui-même de ce résultat, puisqu'il n'a pas usé de la faveur que la loi lui accordait de rester propriétaire jusqu'au paiement du prix. En pratique, le vendeur devait être assez souvent victime de sa confiance, et obligé de supporter les risques d'une insolvabilité postérieure au contrat.

Telle est, en résumé, la position du vendeur d'après la législation romaine.

Mais à côté de la loi, il y avait la pratique, les conventions usuelles qui venaient remédier aux inconvénients que l'expérience avait signalés. Ainsi le vendeur pouvait livrer la chose à l'acheteur à titre de précaire, et en ce cas, il recouvrait quand il le voulait, la possession de sa chose. C'est encore par cette voie que s'introduisit le pacte commissoire — *lex commissoria,* — destiné à procurer au vendeur une action en résolution de la vente pour le cas où l'acheteur ne paierait pas le prix de vente à l'échéance. Même après l'introduction du pacte commissoire, c'est-à-dire du droit de résolution, qui devint bientôt d'un usage fréquent dans la pratique, le vendeur, à Rome, en tant que

1. *Instit. loc. cit.*

créancier du prix, continue à être traité comme un créancier ordinaire ; il ne jouit légalement d'aucune faveur spéciale. Le législateur romain n'a jamais admis, en effet, le principe consacré par l'article 1184 du Code civil, en vertu duquel, le créancier dans tout contrat, peut demander, indépendamment de toute convention, la résolution du contrat pour le cas où le débiteur n'exécute pas son obligation. Pour lui une fois que les obligations ont pris naissance dans un contrat, elles n'ont plus entre elles aucune corrélation ; elles sont indépendantes l'une de l'autre, et, si l'une des parties n'exécute pas sa prestation, cette inexécution n'influe en rien sur l'obligation de l'autre. En d'autres termes, le droit de résolution que le vendeur exerce, de nos jours, en vertu d'un texte de loi, ne lui appartenait, en droit romain, qu'à la suite d'une convention expresse insérée dans le contrat de vente.

CHAPITRE I

ORIGINE ET FONDEMENT JURIDIQUE DE LA LEX COMMISSORIA

La *lex commissoria* est une clause insérée dans une
vente, par laquelle le vendeur déclare que le contrat sera
résolu si le prix ne lui est pas payé à l'échéance par l'a-
cheteur : « *Si ad diem pecunia soluta non sit, ut fundus
inemptus sit* » (1).

Cette clause n'était guère usitée en dehors de la vente.
On la trouve cependant mentionnée encore à propos du
gage, et, en cette matière, la *lex commissoria* est une convention par laquelle le créancier gagiste se réserve le droit
de conserver à titre de propriétaire la chose engagée pour
le cas où le débiteur ne paierait point sa dette à l'échéance
fixée. Dans les deux hypothèses, c'est une déchéance encourue par le débiteur qui n'a pas accompli son obligation.

Jugée trop dangereuse pour le débiteur en matière de
gage, la *lex commissoria* fut prohibée par l'empereur Cons-
tantin.

Le droit de résolution fait partie intégrante des contrats
innommés. On sait comment s'est formée, à Rome, la théorie
des contrats innommés. Prenons, par exemple, l'échange :

1. Loi 2 de notre titre.

je conviens de vous donner mon bœuf, et vous, en échange, vous me donnerez votre cheval. J'exécute ma prestation. Tant que l'échange n'a pas été mis au rang de contrat, l'acte que nous avions eu en vue, était dépourvu d'efficacité, en ce sens que je ne pouvais pas exiger de vous la livraison de votre cheval, bien que j'eusse, de mon côté, accompli ma prestation ; mais on me reconnaissait le droit de vous réclamer mon bœuf par la *condictio ob rem dati.* Cette action avait pour but non de faire résoudre un contrat qui n'avait aucune existence aux yeux de la loi, mais seulement d'empêcher que l'une des parties s'enrichît aux dépens de l'autre.

Lorsque plus tard s'est établie la théorie des contrats innommés, l'action *præscriptis verbis* fut accordée à la partie qui avait exécuté son engagement, pour obtenir que le cocontractant exécutât le sien.

Malgré cette innovation, la *condictio ob rem dati* a subsisté ; mais dès ce moment son caractère s'est transformé ; elle est devenue une véritable action en résolution. Ainsi, dans ce genre de contrat, dans l'échange par exemple, le créancier qui n'a point reçu satisfaction de son débiteur, se trouve muni de deux droits entre lesquels il peut opter : ou bien demander l'exécution de l'obligation par l'action *præscriptis verbis* ; ou bien faire résoudre le contrat par la *condictio.* On voit par là qu'il y a une grande différence entre celui qui est créancier à la suite d'un contrat nommé et celui qui tient son droit d'un contrat innommé, par exemple entre le vendeur et l'échangiste. Cette différence qui a

son explication dans l'origine historique des contrats innommés, est-elle bien logique ? Le savant et regretté professeur
M. Machelard justifie cette solution en ces termes : « Le
motif de cette différence s'explique par les effets différents
du contrat de vente et du pacte d'échange. Dans ce dernier cas, la convention n'ayant pas produit d'obligation,
l'échangiste peut dire : j'ai livré dans le but d'obtenir une
datio à mon profit en plaçant ainsi mon adversaire dans la
nécessité de livrer de son côté : *dedi ut daretur*. Le résultat définitif que j'avais en vue, l'acquisition d'une propriété, ne s'est pas réalisé : *causa propter quam dedi non
secuta est*. C'est comme si j'avais donné *sine causa*, ce qui
m'autorise à répéter. »

« Le vendeur, au contraire, qui a aliéné la chose vendue
ne peut pas tenir le même langage. Il n'a pas fait cette
aliénation en vue d'obliger l'acheteur à lui payer le prix
puisque cette obligation existait par la force seule de la
convention. S'il a aliéné c'est qu'il a voulu accomplir
l'obligation qu'il a contractée en vendant ; son but se trouve
donc parfaitement atteint et il ne peut prétendre à une
condictio causa non secuta (1). »

M. Machelard fait remarquer, en outre, que si l'échangiste est plus favorisé que le vendeur au point de vue du
droit de résolution, le vendeur est mieux traité au point de
vue de la revendication. Nous savons, en effet, que par
application du § 41 des Institutes (Liv. II, t. I), le ven-

1. *Des obligations naturelles en droit romain*, p. 51, 52.

deur au comptant peut revendiquer, l'échangiste ne le peut
pas. Et la raison c'est que « le vendeur a lié envers lui
l'acheteur par la convention. Quand il livre, il n'a pas
besoin de transférer la propriété pour acquérir un droit de
créance déjà existant. On ne suppose pas facilement qu'il
ait entendu aliéner d'une façon absolue. Comme la tradition est susceptible de condition (L. 38, § 1, Dig. *De adq.
vel amit. poss.* Liv. XLI, t. II), on fait dépendre, dans sa
pensée, l'aliénation, de cette circonstance que le prix sera
payé, faute de quoi il reste propriétaire ; il se sera seulement
débarrassé de la garde de la chose qui aura passé sous la
surveillance de l'acheteur. Quant à l'échangiste qui n'a pas
acquis la qualité de créancier en vertu du simple pacte, on
doit dire qu'il a eu l'intention de transférer la propriété
pour faire naître le contrat ; la formation de celui-ci étant
attachée à une prestation de sa part, à une *res*, à une
datio, dans l'espèce *dedi ut daretur ;* par conséquent, la
revendication ne peut plus lui appartenir. » Dans les contrats nommés, les applications du droit de résolution sont
peu nombreuses (1).

Dans la vente on faisait fréquemment usage du droit de
résolution, et il existe dans les textes de nombreuses traces
des diverses conventions qui réservaient ce droit aux parties : *addictio in diem, pactum displicentiæ, de retro*

1. M. Machelard admet que la faculté de résoudre le contrat existe :
« toutes les fois que le contrat établit des rapports permanents entre les
parties et impose des obligations qui doivent se répéter d'une manière
continue. » *Op. laud.* p. 51.

vendendo. Mais la plus importante est incontestablement la clause commissoire dont nous devons maintenant rechercher l'origine historique et la base juridique.

Au point de vue du langage moderne la *lex commissoria* n'est autre chose qu'une condition résolutoire inscrite dans la vente, dans l'intérêt du vendeur. Mais était-ce bien là l'idée que s'en faisaient les Romains ? Les jurisconsultes s'expriment tout autrement à ce sujet : « *pura emptio est, sed sub conditione resolvitur* (1). » Ce qu'ils opposent à *emptio conditionalis, sub conditione contracta.* Ces expressions, on le voit, ne conviennent guère à la condition résolutoire.

Voyons comment les Romains sont arrivés à la conception de la *lex commissoria.*

On dit généralement que cette idée leur est venue tout naturellement à l'esprit, car cette clause n'est qu'une application particulière du *contrarius consensus* (2).

Mais est-il bien exact de dire que la *lex commissoria* n'est qu'une application à la vente des principes du *contrarius consensus* ?

On sait ce qu'il faut entendre par le *contrarius consensus.* Par application de la règle *omnia quæ jure contrahuntur, contrario jure pereunt* (3), les contrats consensuels se dissolvent par un procédé analogue à celui qui a servi à les former, c'est-à-dire par le simple consentement des parties.

1. L. 2, pr. Dig. Liv. XVIII, t. 2.
2. V. notamment M. Bufnoir, *Théorie de la condition,* p. 124.
3. Loi 100, Dig. Liv. L. Tit. 17.

Mais pour que cette règle puisse s'appliquer, il faut que le contrat n'ait point été exécuté (*re integra re nondum secuta*), c'est-à-dire comme l'expliquent les Institutes, que l'acheteur n'ait pas encore payé le prix et que la chose vendue n'ait pas encore été livrée par le vendeur (1). Une pareille convention éteint *ipso jure* les obligations nées de la vente (2), en sorte que l'acheteur ne pourrait plus obtenir l'action *empti* pour réclamer la tradition de la chose et le vendeur l'action *venditi* pour réclamer le prix. Enfin remarquons que cette convention ne peut intervenir qu'après la formation du contrat, sans quoi elle n'aurait aucun sens.

Si nous comparons maintenant le pacte commissoire avec le *contrarius consensus*, nous trouvons les différences suivantes :

1° La *lex commissoria* est ajoutée au contrat *in continenti*, tandis que le *contrarius consensus* n'intervient qu'après la formation du contrat ;

2° La *lex commissoria* produit son effet que le contrat ait été exécuté ou non, tandis que le *contrarius consensus* n'opère qu'autant que la situation des parties ne s'est pas modifiée depuis le moment de la convention.

Cette dernière différence entre ces deux actes est telle-

---

1. Instit. § 4, Liv. III. — L. 2, Code, Liv. IV Tit. 45.

2. Cela résulte de ce que le *contrarius consensus* figure parmi les modes d'extinction dont s'occupent les Institutes (Liv. III, Tit. 29), qui opèrent tous *ipso jure.* — V. encore L. 21, § 4. Dig. Liv. IV, Tit. 2 et loi 2, Dig. Liv. XVIII, Tit. 5 citées par M. Accarias dans son précis de droit romain, p, 727 à la note.

ment importante que nous nous étonnons qu'elle n'ait pas été déjà signalée. Elle montre, à notre avis, d'une façon irréfutable que le pacte commissoire n'est point et n'a jamais été une application du *contrarius consensus*.

Le *contrarius consensus* est un accord de volonté entre le vendeur et l'acheteur qui, intervenant après la formation du contrat, a pour résultat unique d'en empêcher l'exécution, tandis que le pacte commissoire est une clause conditionnelle insérée dans la vente elle-même, et qui a pour effet, si la condition se réalise, de résoudre le contrat, exécuté ou non, c'est-à-dire non-seulement d'éteindre des obligations antérieures, mais encore d'en faire naître de nouvelles.

La vérité est donc que la *lex commissoria* constitue, comme nous l'avons dit, une vente sous condition résolutoire. Mais la question de l'origine historique de cette convention n'est point tranchée par cette définition, car l'idée de la condition résolutoire n'a pas été facilement admise dans le droit romain ; il est même très probable que cette idée s'est montrée tout d'abord sous la forme de *lex commissoria* ou d'*addictio in diem*.

Il est impossible de dire exactement à quelle époque ce fait s'est produit. On peut cependant affirmer que cette clause est d'origine récente, car il n'est pas certain que la vente, au début, ait pu être contractée *sub conditione*, c'est-à-dire dans le langage des jurisconsultes romains, sous condition suspensive.

Un passage des Institutes de Justinien rend au moins la

chose douteuse (1). Dans cette opinion, il est bien évident que l'on devait écarter *a fortiori* la condition résolutoire.

Mais supposons que la vente ait pu être contractée conditionnellement, s'en suivra-t-il qu'elle admît la condition résolutoire? Assurément non, car cette espèce de condition n'a jamais été franchement reconnue par la législation romaine. Bien mieux, nous avons un texte formel qui déclare qu'une obligation ne peut être valablement affectée d'une pareille modalité : « *Conditio vero efficax est, quæ in constituenda obligatione inseritur, non quæ post perfectam eam ponitur ; veluti, centum dare spondes nisi navis ex Asia venerit* (2) ? » Les auteurs qui se sont donné la peine d'approfondir cette difficulté, se tirent d'embarras en disant : l'obligation ne peut, il est vrai, être constituée sous condition résolutoire, mais les contrats peuvent être affectés valablement de cette modalité. Voici ce que dit à ce propos le savant professeur M. Accarias : « D'après le droit civil lui-même, la condition résolutoire affecte valablement un contrat de vente, et probablement aussi un contrat consensuel quelconque. Mais il faut *qu'elle porte*

1. Inst., § 4, liv. III, titre 23. Il est dit dans ce texte que la vente sous condition est valable. Il n'en a donc pas toujours été ainsi ! On peut, dans ce sens, invoquer la loi 6 au Code *pro socio*, liv. IV, t. 37, qui semble indiquer que les contrats consensuels ne pouvaient, en général, être affectés d'une condition. On allègue encore, en ce sens, un texte de Gaïus, Comm. III, § 146, et la loi 1 pr. Dig., *pro socio*, liv. XVII, t. 2. — V. sur ce point M. Bufnoir, *Théorie de la condition*, page 116 et suiv., et M. Accarias, *Précis de droit romain*, t. 2, p. 465, note 1, qui réfute cette théorie.

2. L. 44, § 2, Dig., liv. XLIV, titre 7.

sur le contrat tout entier et non pas seulement sur l'une des obligations qu'il engendre (1). »

Remarquez que ce n'est là qu'une conjecture à l'appui de laquelle aucun texte n'a pu être invoqué. D'ailleurs, si elle était fondée, la condition résolutoire se trouverait dans tous les contrats, au moins dans tous les contrats de bonne foi. C'est une objection qui a été prévue par le savant professeur, voici sa réponse : « Quant au motif logique de cette doctrine, il n'y a pas lieu de le chercher dans le caractère de bonne foi qui appartient à ces contrats, car elle n'est pas vraie des autres contrats de bonne foi. Elle tient plus vraisemblablement à ce que les contrats consensuels se résolvent, *tant qu'ils n'ont reçu aucune exécution*, par un accord de volontés en sens contraire de celui qui les a fait naître. » Nous avons réfuté cette interprétation en prouvant que le *contrarius consensus* n'était pas la même chose que la condition résolutoire.

En réalité la loi romaine ne connaît pas la condition résolutoire, comme principe général ; elle ne l'admit que peu à peu, pour tel ou tel cas particulier, à mesure que l'expérience de chaque jour en démontra la nécessité. C'est ainsi qu'en matière de vente, le vendeur obligé par nécessité, de chercher dans la convention un moyen de protection que la loi lui refusait dans le cas où il avait eu confiance dans l'acheteur, finit par inventer le pacte commissoire. Il est même probable que ce pacte, comme les autres

1. *Précis de droit romain*, t. 2, p. 302.

clauses usuelles admises en matière de vente, ne furent pas sanctionnées par la jurisprudence avant l'introduction des contrats innommés. Nous pouvons citer à l'appui de cette conjecture, la controverse qui s'est élevée sur le point de savoir par quelle sorte d'action on pourrait faire valoir ce pacte. Les uns proposaient l'action *venditi*, les autres, au contraire, l'action *præscriptis verbis*. Il fallait donc bien que cette dernière action fût déjà née, c'est-à-dire que la théorie des contrats innommés fût déjà bien établie. Telle est approximativement l'époque de l'apparition de la *lex commissoria*.

En résumé, la *lex commissoria* est l'œuvre de la pratique et non des jurisconsultes, du préteur ou de la loi. Voilà pourquoi son histoire est peu connue et son caractère juridique difficile à déterminer.

Cette clause que l'on prit l'habitude d'insérer dans les ventes, était-elle valable? Voilà tout ce que les parties durent d'abord se demander. Sur ce point il ne pouvait y avoir de doute.

Le pacte commissoire n'est en réalité qu'un pacte adjoint *in continenti* à un contrat de vente. Nous n'avons pas à faire ici la théorie des pactes adjoints aux contrats (1). Rappelons seulement que les pactes adjoints *in continenti* à un contrat de bonne foi, font corps avec lui et sont sanctionnés par l'action née de ce même contrat. D'où il résulte que le vendeur pouvait se prévaloir de la *lex commissoria* au moyen de l'action *venditi*.

1. V. sur tous ces joints. M. Accarias, *op. cit.* T. 2, page 545, et suiv.

Mais s'il n'y a pas eu de difficulté pour valider la clause pure en elle-même, il en a été autrement quand on a voulu en déterminer les conséquences juridiques. Ici la controverse ne pouvait pas manquer de s'élever, puisqu'il s'agissait d'une institution nouvelle, d'un cas de résolution dans une législation qui n'admettait pas en général, la condition résolutoire ; aussi la théorie du pacte commissoire s'est-elle établie peu à peu, progressivement, par la voie de l'interprétation de la volonté des parties, et ce n'est que de nos jours qu'elle a atteint son complet développement. Nous verrons plus loin, les diverses difficultés que cette matière a soulevées.

Nous avons supposé jusqu'ici, que le pacte commissoire constituait, du moins d'après le langage moderne que nous emploierons dorénavant pour plus de clarté, une condition résolutoire de la vente. Mais ce pacte de résolution ne pouvait-il contenir aussi bien une condition suspensive ? Cette opinion a été soutenue, et théoriquement une pareille convention se conçoit très bien. Cette convention serait alors à peu près, ainsi formulée : Je vous vends le fonds si vous m'en payez le prix dans trois mois. Le paiement du prix serait alors la condition suspensive sous laquelle la vente serait contractée. La question est de savoir si les Romains l'ont employé sous cette forme. Nous ne le pensons pas et voici pourquoi : les textes d'abord supposent toujours une vente sous condition résolutoire. De plus en matière d'*in diem addictio* les deux formes sont expressément prévues par Ulpien :

« *Quotiens fundus in diem addicitur, utrum pura emptio*

*t, sed sub conditione resolvitur ; an vero conditionalis
f magis emptio, quœstionis est ? Et mihi videtur verius,
teresse quid actum sit : nam si quidem hoc actum est
* meliore allata conditione, dicedatur, erit pura emptio,
iœ sub conditione resolvitur : sin autem hoc actum est,
* perficiatur emptio, nisi melior conditio afferatur, erit
nptio conditionalis* (1). » Cette distinction n'est pas re-
·oduite quand il s'agit de la *lex commissoria.* Au con-
aire, lorsqu'il s'agit du pacte commissoire, tous les textes
ii le mentionnent, supposent non pas que la vente sera
irfaite si le prix est payé, mais bien qu'elle sera résolue
t fundus inemptus sit) si le prix n'est pas payé. Citons
itamment en ce sens les lois 2, 4 pr. 5, 6 pr. à notre
tre.

On voit donc que si la chose est possible en théorie, en
it il n'en était guère fait usage. Et cela se comprend ai-
ment. En effet, quel était le résultat que devait produire
clause résolutoire ? Évidemment c'est dans l'intérêt du
indeur qu'elle a été introduite et par conséquent ses effets
waient être à son avantage. Or, si on examine avec soin
s deux formes possibles de la *lex commissoria,* on com-
endra de suite, que celle qui est faite sous condition réso-
toire produit des effets plus avantageux pour le vendeur que
ille conclue sous condition suspensive, puisque dans ce der-
er cas, si la chose vient à périr *pendente conditione,* les
sques sont pour le vendeur, tandis que dans la vente sous

1. L. 2, pr. Dig. Liv. XVIII, t. 2.

Césare   2 condition résolutoire, les risques sont pour l'acheteur, ainsi que nous l'établirons plus loin. Cette considération nous paraît suffisante pour expliquer le silence des jurisconsultes romains sur la question. Ulpien cependant, tranche formellement la question en notre faveur, tout en indiquant que la question a pu être l'objet d'une controverse : « *Si fundus commissoria lege venierit, magis est, ut sub conditione resolvi emptio, quam sub conditione contrahi videtur* (1). » C'est pourquoi dans notre étude, nous nous placerons toujours avec les jurisconsultes romains, dans l'hypothèse d'une condition résolutoire.

1. L. 1, Dig. à notre titre. Comp. L. 38, § 2. Dig. *ad leg. Falcid.* Liv. XXXV, tit. 2. — L. 2, § 3, Dig. *pro emptore,* Liv. XLI, Tit. 4 *et Molitor obligat,* T. 1, n° 511.

CHAPITRE II

DROITS ET OBLIGATIONS RÉSULTANT DE LA VENTE

AVEC CLAUSE COMMISSOIRE

Comme principe, en notre matière, nous pouvons formuler la règle suivante : tant que la clause commissoire n'est pas réalisée, la vente qui contient la clause, doit être regardée, d'après notre opinion, comme une vente pure et simple « *non sub conditione emptio contrahitur sed pura est quæ sub conditione solvitur* (1). »

Il résulte de ce principe que les obligations nées de la vente doivent être exécutées comme si la clause commissoire n'existait pas. L'acheteur ne sera pas tenu de payer immédiatement le prix, car le contrat de vente accorde, en général, un certain délai pour le paiement. C'est du moins, d'après les textes, le cas le plus fréquent qui se présentait. D'ailleurs, ainsi que nous l'avons vu plus haut, la *lex commissoria* a été instituée pour le cas où le vendeur a suivi la foi de l'acheteur. Si la vente était pure et simple, le vendeur serait suffisamment protégé par le droit indiqué au § 41 du titre premier du livre II des Institutes qui

1. Ulp. L. 1, Dig. Liv. XVIII, Tit. 3, — Ulp. L. 2. pr. Dig. Liv. XVIII, Tit. 2.

lui permet de revendiquer la chose, même après en avoir
fait tradition. Il aurait pu également invoquer son droit de
rétention. Il ne faudrait pas toutefois conclure de là que la
lex commissoria fût complètement inutile au vendeur, lorsque la vente était pure et simple. Dans ce cas, cette clause
pouvait encore procurer au vendeur des avantages sérieux.
En effet, elle lui donnait le choix entre deux sanctions : la
revendication de la chose vendue qui laissait subsister le
contrat, et la résolution de la vente, qui pouvait être dans
certaines hypothèses une sanction plus avantageuse. On
comprend donc, théoriquement, que la *lex commissoria* ait
existé même dans une vente pure et simple ; mais en fait,
elle n'a dû être guère usitée en pareil cas, puisque les
textes sont muets à cet égard. Nous laisserons donc de
côté cette hypothèse assez rare, qui d'ailleurs, au point de
vue qui nous occupe ne soulève aucune difficulté, pour
examiner le cas le plus pratique, celui d'une vente à
terme.

Ainsi que nous l'avons dit, l'acheteur ici n'est pas tenu
de payer immédiatement le prix et n'a pas à craindre la
revendication. Le vendeur de son côté ne peut invoquer
aucune réserve en sa faveur. Il est tenu de s'exécuter dès
que la vente a été conclue. L'acheteur a contre lui l'action *empti* pour le forcer à accomplir son obligation de
livrer. A-t-il livré, la tradition produit les mêmes effets
que si la vente était pure et simple et que si le prix lui
avait été payé. Si donc il était lui-même propriétaire de la
chose vendue, la propriété est immédiatement transférée à

l'acheteur qui peut à son tour disposer de la chose et la·grever de droits réels. Seul, il a l'action en revendication (1).

Nous verrons plus tard ce que deviendront ces actes de disposition faits par l'acheteur au cas où la clause viendra à se réaliser.

Si nous supposons maintenant que le vendeur a vendu la chose d'autrui, l'acheteur ne devient pas propriétaire ; il est *in causa usucapiendi*, bien entendu s'il est de bonne foi (2).

Ce qui signifie que non-seulement il pourra commencer, pour son compte, une usucapion à partir de la tradition, mais encore joindre à sa possession celle de son auteur.

Enfin une des conséquences les plus frappantes du principe que nous avons formulé au début de ce chapitre est relative aux risques de la chose vendue. Est-ce à l'acquéreur ou au vendeur à supporter les risques au cas où la chose vendue viendrait à périr avant que la clause commissoire soit réalisée ? Pour plus de clarté prenons un exemple.

Titius a vendu à Seius l'esclave Stichus, en ajoutant que si le prix n'était pas payé dans les trois mois du contrat, la vente serait résolue. Avant l'expiration du délai, Stichus meurt. Pour qui sera la perte ?

La question que nous avons à examiner est beaucoup plus simple que s'il s'agissait d'une résolution purement

1. L. 29, Dig. Liv. XXXIX, Tit. 6.
2. L. 2, § 1, Dig. Liv. XVIII. Tit. 2.

- casuelle. En effet, la *lex commissoria* étant établie en faveur du vendeur qui est libre de l'exercer ou de ne pas l'exercer, il est bien évident que si la chose a péri, il ne demandera pas la résolution. Dans ces conditions, les principes nous conduisent à décider que la perte sera subie par l'acheteur, en ce sens qu'il sera tenu de payer le prix à l'échéance, bien qu'il n'ait point la chose. Cette solution est conforme au principe posé au début de ce chapitre, à savoir que la vente avec clause commissoire doit être regardée comme vente pure et simple. En outre elle est confirmée par les textes. Ulpien (1) et Paul (2) traitant la question à propos de la vente faite avec clause d'*in diem addictio* résolutoire, déclarent que les risques sont pour l'acheteur. Or ces deux clauses l'*in diem addictio* et la *lex commissoria* doivent produire les mêmes effets, car elles constituent toutes les deux un droit de résolution réservé au profit du vendeur. Cette même décision enfin est formellement donnée par Pomponius à propos de la *lex commissoria* : « *Cum venditor fundi in lege ita caverit, si ad diem pecunia soluta non sit, ut fundus inemptus sit, ita accipitur inemptus esse fundus, si venditor inemptum eum esse velit, quia id venditoris causa caveretur : nam si aliter acciperetur, exusta villa in potestate emptoris futurum, ut non dando pecuniam inemptum faceret fundum, qui ejus periculo fuisset* (3). »

1. L. 2, § 1, Dig. Liv. XVIII. T. 2.
2. L. 3, Dig. Liv. XVIII. T. 2.
3. L. 2, Dig. Liv. XVIII, T. 3.

Ainsi d'après ce texte, le vendeur seul peut demander la résolution ; il est libre au lieu de s'en prévaloir, de poursuivre le paiement du prix, car, s'il en était autrement, l'acheteur, en ne payant pas son prix, pourrait obtenir la résolution de la vente, et, par ce moyen rejeter sur le vendeur, en cas de perte de la chose, les risques qui sont à sa charge. La chose ayant péri dans l'espèce avant la résolution, l'acheteur n'en devrait pas le prix, s'il pouvait exiger la résolution de la vente.

Ce texte paraît décisif. Toutefois on a élevé des doutes sur la portée de cette décision. On a prétendu qu'il s'agissait ici d'une perte partielle et non de la perte totale. En ce sens on fait observer que dans l'espèce de Pomponius, l'objet vendu est un *fundus* et que la perte ne porte que sur une partie de ce *fundus*, sur une *villa* qui a été incendiée.

MM. Sell (1) et Bufnoir (2) font remarquer, à bon droit selon nous, que cette interprétation par trop subtile est inadmissible. Elle est, en effet, contredite par les derniers mots de notre texte « *fundum, qui ejus periculo fuisset* » qui indiquent bien nettement qu'il s'agit du risque de la chose vendue tout entière.

Quant à la perte partielle, la question des risques ne saurait soulever aucune difficulté que la résolution se produise ou non, car de deux choses l'une : ou le vendeur exerce la

1. Ueber bedingte traditionen, pag. 269, et suiv.
2. *Op. Cit.*, p. 458 et suiv.

lex commissoria, et alors il sera obligé de subir cette perte ; ou bien il n'usera pas de son droit de résolution, et dans ce cas, l'acheteur qui gardera la chose détériorée n'en devra pas moins la totalité du prix.

CHAPITRE III

DES CONDITIONS NÉCESSAIRES POUR QUE LA RÉSOLUTION
DE LA VENTE S'ACCOMPLISSE.

Nous avons eu déjà l'occasion de dire que la *lex commissoria* n'intervenait habituellement que dans les ventes à terme ; c'est l'hypothèse à laquelle se réfèrent tous les textes qui prévoient cette clause.

Nous avons reconnu néanmoins que rien ne s'opposait, en principe, à ce que la *lex commissoria* fût inscrite dans une vente pure et simple, car elle avait encore dans cette hypothèse son utilité. Dans ce chapitre nous nous occuperons surtout du cas le plus pratique, c'est-à-dire de la vente à terme. Du reste nous signalerons à l'occasion les particularités que peut présenter l'autre hypothèse.

Pour que la résolution résultant de la clause commissoire se réalise, il faut que le terme convenu pour le paiement du prix soit arrivé. et que l'acheteur à ce moment n'ait point satisfait le vendeur. Mais cette condition est-elle suffisante? L'acheteur ne doit-il pas en outre être mis en demeure de payer le prix? Le fait seul de l'échéance du terme entraîne réalisation de la clause sans qu'il soit besoin d'aucune mise en demeure de la part du vendeur, car la convention est la loi des parties. En conséquence, si le jour où le terme expirera, l'acheteur ne s'est pas libéré, *lex commissa erit*, le vendeur pourra demander la résolution du contrat. C'est ce qu'atteste la loi 4, § 4 de notre titre : « *Marcellus libro vicesimo dubitat, commissoria utrum tunc locum habet, si interpellatus non solvat, an vero si non obtulerit? Et magis arbitror, offerre eum debere si vult se legis commissoriæ potestate solvere : quod si non habet, cui offerrat posse esse securum.* » Marcellus se demandait si la clause commissoire se réalisait par suite d'une interpellation du vendeur, ou si, au contraire, pour en empêcher l'exécution, l'acheteur devait prendre les devants et faire des offres au moment de l'échéance. Ulpien, on le voit, tranche la question en ce dernier sens, et son opinion a été adoptée par Justinien ainsi que le démontre l'insertion de ce texte au Digeste. Cette solution est encore confirmée par d'autres textes. Africain notamment, après avoir décidé qu'en matière de clause pénale, l'échéance du terme constitue le débiteur *in mora*, ajoute : « *Hoc idem dicendum et cum quid ea lege venierit, ut nisi ad diem pretium solutum fuerit, inempta res fiat* (1). » La loi 10, pr. au Digeste *de rescind. vend.* fait aussi l'application du même principe.

Cette solution est d'ailleurs très naturelle puisqu'elle est l'application à la lettre de la clause commissoire qui, nous l'avons dit, est conçue habituellement en ces termes : « *Si ad diem pecunia soluta non sit, inemptus sit fundus.* »

1. Loi 23, Dig. Liv. XLIV, T. 7. Junge la constitution 12 au Code, Liv. VIII, T. 38.

Un auteur moderne va beaucoup plus loin. Il prétend que si le vendeur adressait à l'acheteur une sommation de payer, il renoncerait implicitement, en agissant ainsi, à son droit de résolution (1). Il s'appuie pour soutenir cette opinion qui ne nous paraît pas exacte, sur la loi 7 à notre titre : « *Post diem commissoriæ legi prestitutum, si venditor pretium petat, legi commissoriæ renunciatum videtur nec variare, et ad hanc redire potest.* » Mais Hermogénien, on le voit, ne parle nullement de l'interpellation. Il dit seulement qu'après que le vendeur a opté pour l'exécution de la vente, en demandant en justice le paiement du prix, *si pretium petat*, il ne peut plus réclamer la résolution de la vente. Il s'agit donc dans ce texte, non pas d'une question d'interpellation, mais d'une demande en justice. Concluons donc en disant que si le vendeur n'est point obligé à interpeller l'acheteur pour que la résolution soit encourue il sera libre néanmoins de recourir à cette mesure, s'il le juge convenable. L'interpellation pourra même lui être utile pour empêcher plus tard toute discussion sur le fait de l'exécution ou de la non-exécution de l'obligation de son débiteur.

Il est facile d'apercevoir la différence qui existe sur ce point entre la règle romaine et celle du droit français (art. 1656 du Code civil). Dans notre droit, l'acheteur peut payer même après l'échéance du terme jusqu'à la sommation. Il n'en était pas ainsi, on le voit, en droit romain. Nous devons ajouter que même un paiement partiel de la

1. Molitor. *Traité des obligations en droit romain.* T. 1, n° 512.

part de l'acheteur n'aurait pas empêché le vendeur d'invoquer le bénéfice du pacte inséré dans son contrat de vente. Si à l'échéance, le prix n'est pas intégralement payé le vendeur a le droit de demander en justice la résolution de la vente ; c'est ce qui résulte de plusieurs textes du Digeste. Ainsi la loi 85 § 6, *de verbor. oblig.* (1) dit qu'en matière de clause pénale, la peine est encourue par celui qui s'est exécuté en partie aussi bien que par celui qui ne s'est pas exécuté du tout, car il y a là une sorte d'indivisibilité analogue à celle qu'on rencontre dans le gage, Enfin Scœvola étend implicitement le même principe à la *lex commissoria*, en décidant que le vendeur à qui une partie du prix est encore due au moment de l'expiration du terme et qui, au lieu de demander la résolution du contrat, reçoit une partie du reliquat, est consé renoncer au bénéfice du pacte commissoire (2).

Lorsque la clause commissoire n'indique pas le terme du paiement, le vendeur a-t-il le droit d'imposer à l'acheteur la résolution du contrat, s'il ne paie pas immédiatement le prix de vente ?

Des auteurs admettent qu'il faut appliquer à ce cas la disposition contenue dans la loi 31 § 22 *de œdil. edicto* (3) et qu'ainsi l'acheteur aura un délai de soixante jours pour exécuter son obligation.

Cette opinion ne nous semble pas admissible. Nous avons

1. Dig., Liv. XLV. T. I.
2. V. la loi 6 § 2 à notre titre.
3. Dig. Liv. XXI. T. I. — En ce sens Noodt. Lib. XVIII. T. 3. nᵒ I. Molitor *op. cit.* T. I. nᵒ 542.

fait remarquer précédemment que la clause commissoire
était rarement insérée dans une vente sans terme attendu
qu'elle offrait peu d'intérêt en raison de l'action en revendication qui dans ce cas appartient au vendeur. En outre
l'espèce que prévoit le texte invoqué par les partisans de
l'autre théorie est bien différente ; il s'agit en effet non plus
d'une clause en faveur du vendeur mais du *pactum displicentiæ* inséré dans l'intérêt de l'acheteur. On comprend facilement qu'en pareil cas, l'on n'ait pas laissé indéfiniment à
l'acheteur le droit de résoudre la vente, en déclarant que
la chose ne lui convenait pas. Il est présumable que l'intention des parties en faisant une pareille convention a été
de limiter à une durée raisonnable l'exercice de la faculté
dont jouit l'acheteur. Or, comme cette espèce de vente était
prévue dans l'édit des édiles, il était naturel de fixer ce
délai au terme ordinaire établi par cet édit, pour le cas
de *redhibitio*. Mais quand il s'agit de la résolution réclamée par le vendeur, en vertu de la *lex commissoria*, le
délai de soixante jours ne se comprend plus. La loi est
d'ailleurs bien positive : « *Si autem de tempore nihil con-
venerit, in factum actio intra sexaginta dies utiles acco-
modatur emptori ad redhibendum, ultra non.* »

La vente ayant été faite sans terme, pourquoi le vendeur
serait-il tenu d'attendre soixante jours pour exercer son
droit de résolution ? Du moment qu'il n'a point accordé de
terme à l'acheteur, le vendeur n'a-t-il pas entendu vendre
au comptant ? Et l'acheteur qui contracte sans se réserver
le bénéfice d'un terme, n'a-t-il pas su que le vendeur

pourrait exiger de lui un paiement immédiat ? Dès lors pour quelle raison modifierait-on à son avantage les rigueurs d'une situation qu'il a librement acceptée ? C'est donc méconnaître la volonté des parties que d'imposer au vendeur ce délai de soixante jours. Mais il y a mieux ; notre loi ne dit pas, comme le pensent les partisans de cette opinion, que l'acheteur ne pourra exercer son droit que soixante jours après la vente, mais bien que ce droit devra être exercé dans les soixante jours ; passé ce délai, il sera déchu. Or, il nous paraît impossible de limiter ainsi arbitrairement le droit de résolution du vendeur qui n'a accordé aucun délai à son acheteur, car il serait moins bien traité que s'il avait concédé un terme. Dans ce cas, en effet, nous allons voir que le vendeur peut exercer quand il veut son droit de résolution sans être obligé de prendre parti dans un délai déterminé (1).

L'acheteur, avons-nous dit, ne peut se soustraire à la résolution qu'en payant son prix au jour de l'échéance. Mais pourra-t-il valablement payer même après l'échéance, jusqu'au jour où le vendeur aura pris parti ?

On l'a soutenu en disant que le débiteur se libère par l'exécution même tardive de son obligation. On cite à l'appui de cette doctrine les lois 73 § 2, 84 et 91 § 3 *de verbor. oblig.* (2). Mais ces textes sont, à notre avis, complètement étrangers à notre matière. La *lex commissoria*, en effet, n'a rien de commun avec la *mora* et si les effets de cette

1. V. en ce sens Windscheid. Pandekten, § 323, note 15.
2. Dig. liv. XLV, t. I.

dernière disparaissent avec le paiement, il n'en est pas de même de ceux de la résolution, qui se produisent par la seule force de la convention. Il est vrai que la loi 4 § 2 à notre titre, accorde au vendeur la faculté d'opter entre le droit de résolution et le paiement du prix, mais il ne s'en suit pas que le débiteur puisse attendre jusqu'au moment de cette option pour exécuter son obligation de payer le prix, l'option étant établie en faveur du vendeur et non de l'acheteur.

D'après la loi 4 § 4, citée plus haut, l'acheteur pour éviter la résolution doit faire des offres. En dehors de ce cas, si l'acheteur n'a pas payé, la clause commissoire est encourue, peu importe que le défaut de paiement provienne de la faute de l'acheteur ou d'un cas fortuit. Toutefois il est un cas où il peut échapper à la résolution, c'est lorsque le vendeur refusera *sine justa causa* de recevoir le prix (1), ou si, s'étant absenté sans laisser de mandataire, il a mis l'acheteur dans l'impossibilité d'effectuer le paiement (2). En des termes plus généraux, l'acheteur échappera à la résolution toutes les fois que l'obstacle, quel qu'il soit, proviendra du vendeur. Mais il va sans dire que dans ces cas l'acheteur doit se tenir prêt à payer à la première réquisition s'il veut se mettre définitivement à l'abri de la résolution.

Une question peut seule faire difficulté. Il s'agit de savoir si l'acheteur, pour se mettre en règle, doit se contenter

1. L. 72, pr. Dig. Livre XLVI, T. III.
2. L. 4 § 4, à notre titre.

de faire des offres, ou si ces offres, pour être valables, doivent être suivies de consignation.

Des auteurs ont soutenu cette dernière opinion en s'appuyant sur la loi 7 au Code, *De pactis inter empt. et vendit.* (1), où il est dit que si l'acheteur à réméré se cache pour éviter le remboursement du prix de vente afin d'empêcher le retrait, le vendeur peut sauvegarder ses droits *denunciationis et obsignationis depositionisque remedio.*

Nous ne suivrons pas cette doctrine, car l'argument qu'elle invoque n'est nullement concluant. Nous ne voyons en effet aucune analogie entre le pacte *de retrovendendo* que prévoit cette loi 7, et la *lex commissoria.* D'ailleurs le débiteur qui s'est déclaré prêt à payer n'a rien à se reprocher ; il serait injuste dès lors de lui faire subir les effets de la résolution alors qu'il s'est déclaré prêt à exécuter son obligation. Notre solution enfin résulte clairement de la loi 4 § 4 de notre titre dans laquelle Ulpien, après avoir décidé que l'acheteur doit offrir le prix à l'échéance, ajoute : « *Quod si non habet cui offerrat, posse esse securum.* » La loi 8 à notre titre confirme encore notre manière de voir. Cette loi dans une espèce où la consignation n'a pas été faite, déclare que néanmoins la résolution n'est pas encourue.

Concluons donc que, si le vendeur empêche par sa faute le paiement du prix au jour fixé, l'acheteur peut se mettre

---

1. Code. Liv. IV, t. LIV. Voët. Commentaire de notre titre, nº 5.

à l'abri de la résolution, en faisant des offres sérieuses de son prix, sans qu'il soit besoin de consignation.

L'acheteur échappera encore à la résolution s'il justifie qu'il a une cause légitime pour ne pas payer son prix. Tel est le cas où un créancier du vendeur a formé entre ses mains opposition au paiement. La loi 8 de notre titre le décide formellement. Tel est encore le cas où le vendeur n'aurait pas rempli lui-même ses engagements. Ce cas est prévu par la loi 10 § 1 *De rescindenda venditione* (1).

La clause commissoire, les textes le font remarquer, à bon droit, est établie au profit du vendeur. Il résulte de cette observation que la résolution qu'elle renferme ne peut être réclamée que par lui. Aussi d'une part, l'acheteur ne peut s'en prévaloir et cela, par la raison, que ce serait lui fournir un moyen de se dégager d'une mauvaise opération ou de faire retomber la responsabilité des risques sur le vendeur, ainsi que nous l'avons déjà fait observer. Ce résultat serait l'opposé de ce que les parties ont entendu faire. En second lieu, la résolution n'a pas lieu de plein droit, en ce sens du moins, que le contrat n'est pas anéanti *ipso jure*, même contre la volonté du vendeur. Celui-ci a le choix d'abandonner la faculté qui résulte pour lui de la *lex commissoria* et de s'en tenir au droit commun de tout vendeur, c'est-à-dire au droit de poursuivre, par les voies ordinaires d'exécution, le paiement du prix. On comprend l'avantage qu'il peut avoir à prendre ce dernier parti, si

----

1. Dig. Liv. XVIII, t. **V.**

nous supposons par exemple, que la chose a péri par cas fortuit, en tout ou en partie, ou seulement qu'elle a perdu de sa valeur.

Le vendeur a donc le choix entre ces deux voies : la résolution et l'action en paiement du prix. Mais est-il tenu de faire son option dans un délai déterminé ? On n'est pas d'accord sur cette question. Certains interprètes, argumentant de la loi 4 § 2 de notre titre, dans laquelle on lit ces mots : « *Statim, atque commissa lex est, statuere venditorem debere, utrum commissoriam velit exercere, an potius pretium petere* » soutiennent que le vendeur devait opter immédiatement, au jour même de l'échéance. Cette interprétation, à notre avis, méconnaît absolument la portée de la clause commissoire. Nous savons, en effet, que cette clause est introduite dans l'intérêt du vendeur. D'après le droit commun, le vendeur aurait le droit d'intenter contre l'acheteur, l'action en paiement du prix à partir du jour de l'échéance, et l'exercice de ce droit ne serait point renfermé dans les limites d'un délai préfix. En faisant insérer dans la vente le pacte commissoire, il se trouverait donc avoir moins de droit que si ce pacte n'existait pas. Cela évidemment est inadmissible.

La vérité est donc que le vendeur *peut* faire son option dès que l'échéance est arrivée, il peut s'en tenir au droit commun ou user du bénéfice du pacte. La seule limitation qui lui est imposée, c'est qu'une fois qu'il aura pris parti, il ne pourra plus revenir sur sa première décision. S'il a réclamé le prix en justice (*pretium petere*), il ne pourra

plus exercer son droit de résolution, et réciproquement,
s'il a opté pour la résolution, il ne pourra plus poursuivre
e paiement du prix.

Toute autre interprétation de la loi 4 § 2 serait contraire
ıu caractère que nous avons reconnu à la *lex commissoria* ; car au lieu de protéger efficacement le vendeur, elle
)ourrait lui être préjudiciable si elle l'obligeait à faire un
hoıx, sans qu'il ait eu le temps de délibérer sérieusement
)our savoir s'il lui serait plus avantageux de demander la
ésolution ou le paiement du prix.

CHAPITRE IV

DES EFFETS DE LA RÉSOLUTION

Dans le cas où la clause commissoire se réalise, les conditions déterminées dans le chapitre précédent se trouvant accomplies, la vente est résolue. Nous devons maintenant rechercher les effets de cette résolution.

§ 1. — *Effets quant aux obligations.*

Il y a d'abord un cas où la question ne donnera lieu à aucune difficulté ; c'est celui où la vente n'aura point été exécutée. Dans cette hypothèse plus théorique que pratique, puisqu'elle ne peut se présenter que dans le cas d'une vente sans terme avec clause commissoire, l'effet de la résolution sera simplement d'empêcher l'exécution de la vente. Les parties conserveront leur situation respective ; l'acheteur ne pourra exiger la tradition de la chose vendue et le vendeur, s'il opte pour la résolution, ne pourra pas demander le prix. Mais, nous le savons, ce dernier pourrait renoncer à son droit de résolution et poursuivre l'exécution de la vente, s'il jugeait que ce parti lui est plus profitable.

Si nous supposons, au contraire, comme cela arrivera le plus souvent, que le vendeur ait livré la chose à l'acheteur, avant l'époque où la résolution vient à se produire, la question offre des difficultés.

Généralement pour caractériser les effets de la résolution on convient de déclarer que les parties doivent, par des prestations réciproques, être remises dans la situation où elles se trouveraient, si le contrat ne s'était pas formé (1).

Nous examinerons successivement la situation faite au vendeur et celle faite à l'acheteur. Par suite de la réalisation de la clause commissoire, l'acheteur est tenu de restituer la chose au vendeur. Il doit également restituer les fruits qu'il a pu acquérir en vertu du droit que lui avait conféré le contrat. C'est ce que nous dit expressément Ulpien à propos de l'*in diem addictio* : « *Item quod dictum est, fructus interea captos emptorem priorem sequi, totiens verum est, quotiens nullus emptor existit qui meliorem conditionem adferat... Sin vero existit emptor posterior, fructus refundere priorem debere constat, sed venditori....* » (2) Cette décision s'applique sans difficulté à notre hypothèse (3). La loi 5 de notre titre le dit d'ailleurs formellement : « *Lege fundo vendito dicta ut, si intra certum tempus pretium solutum non sit, res inempta sit, de fructibus, quos interim emptor percepisset, hoc agi intelligendum est, ut emptor interim eos sibi suo quoque jure*

1. V. notamment M. Bufnoir. Op. laud. p. 470.
2. Loi 6, pr. Dig. Liv. XVIII, T. 2.
3. En ce sens, L. 4, pr. à notre titre.

*pérciperet ; sed si fundus revenisset, Aristo existimabat,
venditori de his judicium in emptorem dandum esse :
quia nihil penes eum residere oporteret ex rè, in qua
fidem fefelisset.* »

Malgré la disposition formelle de cette loi 5 que nous
venons de citer, on a nié l'obligation imposée à l'acheteur
de restituer les fruits, en invoquant la loi 2, § 1, *de in
diem. addictione* (1), et la loi 2, § 4, *pro emptore* (2), qui
prouvent, dit-on, que les fruits intérimaires sont la propriété définitive de l'acheteur qui les a perçus.

Mais ces textes ne nous semblent pas concluants, car ils
affirment tout simplement que, *pendente conditione*, l'acheteur fait les fruits siens, sans trancher la question de savoir
ce que deviennent les fruits après la résolution de la vente.
On insiste en disant que l'acheteur est un possesseur de
bonne foi et par suite doit gagner les fruits. Cet argument
n'est pas plus probant que le précédent. Il repose d'ailleurs sur une idée fausse, car l'acquéreur sous pacte commissoire est un propriétaire intérimaire et non pas un possesseur de bonne ou de mauvaise foi. Les situations sont
en effet complètement différentes. L'acheteur, même lorsque la vente contient la clause commissoire, a un titre qui
le rend propriétaire et non simple possesseur ; mais ce titre
entraîne pour lui des obligations vis-à-vis de son vendeur.
Le possesseur de bonne foi vis-à-vis du propriétaire n'a,
peut-on dire, qu'un semblant de titre lui permettant, grâce

1. Dig. Liv. XVIII. T. 2.
2. Dig. Liv. XLI. T. 4.

à sa bonne foi, de conserver les fruits, mais il n'est tenu envers lui d'aucune obligation, puisque son titre n'émane pas de lui.

Ajoutons que l'acquéreur qui ne paie pas son prix et qui voudrait conserver les fruits qui sont la compensation des intérêts d'un prix non payé, ne saurait être considéré comme étant un possesseur de bonne foi.

Il y a une hypothèse spéciale où l'acheteur conserve les fruits ; c'est lorsqu'il perd une partie de son prix qu'il a versée entre les mains du vendeur, et que celui-ci a le droit de garder lorsqu'il fait résoudre la vente, et cela alors même que les fruits perçus par l'acheteur auraient une valeur supérieure à la partie du prix déjà payé, car la loi 4, § 1, à notre titre qui prévoit cette hypothèse spéciale est générale (1).

En un mot l'acheteur ne doit garder par devers lui aucun des avantages qu'il tient de la vente ; il doit donc rendre au vendeur non-seulement la chose avec les fruits mais encore tous les accessoires de la chose, améliorations naturelles, accroissements et enfin tous les bénéfices que lui a procurés le contrat de vente (2). C'est pour ce motif qu'il doit céder au vendeur l'interdit *quod vi aut clam*, l'action *furti* ou l'action *legis Aquiliœ* et tous autres actions et interdits qui pouvaient lui compéter.

L'acheteur, enfin, peut être obligé de payer au vendeur des dommages et intérêts si la chose vendue a été détério-

1. Windscheid. Pandekten, § 323, note 12.
2. L. 4, pr. à notre titre.

rée par son fait : *si fundus deterior effectus facto ejus* (1).

Au cas où le vendeur, après la résolution, revendrait sa chose à un nouvel acheteur pour un prix moindre que celui de la première vente, le premier acheteur serait-il tenu de lui rembourser la différence ? En droit romain, il était d'usage d'insérer une disposition de ce genre dans la *lex commissoria* : « *In commissoriam etiam hoc solet convenire; ut si venditor eumdem fundum, venderet, quanto minoris vendiderit, id a priore emptore exigat* (2). » Mais il est bien difficile de conclure de ce texte, ou d'autres semblables, qu'une pareille obligation puisse incomber à l'acheteur même au cas où le contrat ne s'était pas exprimé sur ce point (3). En effet, le texte d'Ulpien qui nous révèle l'existence de cette disposition, ne dit point qu'elle était sous-entendue dans la clause commissoire, mais qu'on avait coutume de l'y introduire, et Pomponius la suppose dans la loi 6, § 1, *De contr. empt.*, formellement mentionnée dans le contrat. Enfin, ajoutons que l'absence d'une pareille disposition n'exposait nullement le vendeur au danger de subir la diminution de valeur de sa chose depuis la vente, car il était libre de ne pas demander la résolution et d'exiger le prix, ou bien, si la chose avait diminué de valeur par le fait de l'acheteur, il pouvait, ainsi que nous

---

1. Ibid.

2. Ulpien, l. 4, § 3, Dig., à notre titre. — La loi 6, § 1, *De contr. emp.* Dig., liv. XVIII, t. 1, cite encore une disposition de ce genre.

3. M. Accarias (t. 2, p. 469, note 1) semble incliner vers la solution contraire.

l'avons dit, lui réclamer des dommages-intérêts dont le montant aurait dû être évalué précisément à la différence du prix de la chose dans les deux ventes. Concluons donc en disant que ni les textes, ni l'équité, ne nous autorisent à sous-entendre, dans la *lex commissoria*, la disposition dont il s'agit.

Examinons maintenant les obligations du vendeur. Il peut se faire, d'abord, que l'acheteur ait payé une partie du prix ou ait donné des arrhes! Le vendeur devra-t-il restituer ce qu'il a reçu à ces deux titres? Scævola répond dans la loi 6 pr. de notre titre : « *Et id quod arrhæ vel alio nomine datum esset, apud venditorem remansurum.* » Il n'y a donc pas de doute pour les arrhes, le vendeur ne doit pas les restituer à l'acheteur. En est-il de même de la partie du prix payée par l'acheteur? Est-ce là le sens de ces mots *alio nomine*? C'est l'opinion de certains auteurs (1) qui invoquent, à l'appui de leur doctrine, la loi 4, § 1, à notre titre : « *Sed quod ait Neratius, habet rationem, ut interdum fructus emptor lucretur, cum pretium, quod numeravit, perdidit. Igitur, sententia Neratii tunc habet locum, quæ est humana, quando emptor aliquam partem pretii dedit.* »

A notre avis ces textes ne sont pas assez formels pour nous permettre d'adopter cette solution qui nous semble contraire à l'équité. Les mots *alio nomine* sont trop vagues pour qu'on ait le droit de supposer que le jurisconsulte a

---

1. *Arndts Pandekten*, § 249, n° 2. — Molitor, *Oblig.*, n° 540.

entendu désigner par là le paiement partiel. Quant à la loi
4 § 1 de notre titre, il est aisé d'apercevoir qu'elle est
étrangère à la question qui nous occupe. En effet, l'hypothèse dans laquelle elle se place, est la suivante : une convention spéciale a été conclue entre les parties, en vertu
de laquelle il a été entendu que la partie du prix payée
resterait au vendeur, en cas de résolution. Dans cette hypothèse Ulpien, approuvant l'avis de Neratius, décide que
l'acheteur devra par contre garder les fruits perçus (1).
Nous pouvons enfin ajouter que le système que nous combattons conduit à une injustice qui le condamne puisque
l'acheteur qui aura fait tous ses efforts pour remplir une
partie de ses engagements sera traité plus durement que
celui qui n'aura payé aucune partie du prix. Il n'est pas
possible que dans un contrat de bonne foi on arrive à un
résultat aussi inique.

Le vendeur doit-il rendre à l'acheteur non-seulement le
capital mais encore les intérêts ?

La question n'est pas tranchée par les textes. Pour la
négative on ne cite qu'une constitution impériale insérée
au Code, qui semble exclure pour le vendeur, l'obligation
de rendre les intérêts avec le capital (2). Mais ce texte ne
nous paraît pas décisif. Au point de vue des principes, il

---

1. V. en ce sens *Windscheid Pandekten* § 323 note 12, *Gluck. Pandekten* XVI. p. 293 *Mulhenbrück. Doctrina Pandectarum.* § 406.

2. Loi 6, Code *De pactis inter empt. et vend.* Liv. IV. T. 54 *Receptis
nummis suis.....* y est-il dit, en parlant de l'acheteur. Cela ne peut-il s'entendre des intérêts en même temps que du capital ?

faut, croyons-nous, admettre plutôt la solution opposée, car il serait injuste d'obliger l'acheteur à rendre les fruits, tandis que le vendeur garderait les intérêts. Nous sommes ici en présence d'un contrat de bonne foi, et il n'est pas douteux pour nous que le juge devait, en pareil cas, tenir la balance égale entre les parties.

Que décider relativement aux impenses ?

Il est certain que les impenses nécessaires faites par l'acheteur devaient lui être restituées par le vendeur (1). Quant aux dépenses utiles, bien qu'aucun texte ne s'occupe de ce point, l'équité veut qu'elles lui soient remboursées au moins jusqu'à concurrence de la plus value, si elle est inférieure au chiffre de la dépense.

C'est à tort, dit M. Bufnoir, qu'on a voulu assimiler l'acheteur à un possesseur de mauvaise foi. Les jurisconsultes romains n'y avaient jamais songé, sans quoi ils ne lui auraient pas même accordé les impenses nécessaires.

L'acheteur serait plutôt, selon nous, assimilable au donataire *mortis causa*, qui, lui, a droit, en cas de résolution de la donation, au remboursement des impenses utiles (2). Au surplus, pour décider que le vendeur doit rembourser à l'acheteur les impenses utiles au moins jusqu'à concurrence de la plus-value, il y a, dit notre savant professeur M. Bufnoir, une raison spéciale qui est décisive : « C'est que les dispositions du droit romain qui refusent au possesseur de mauvaise foi, le droit de répéter ses im-

1. L. 16, Dig. *de in diem add.* Liv. XVIII. T. 2.
2. L. 14, Dig. *de mortis causa donat.* Liv. XXXIX. T. 6.

penses, supposent qu'il n'existe entre les parties aucun rapport contractuel ; elles ne s'appliquent pas quand celui qui a fait les impenses possède ou détient la chose en vertu d'un contrat, particulièrement comme ici en vertu d'un contrat de bonne foi. C'est alors d'après les règles propres au contrat, qu'il faut déterminer l'étendue des obligations des parties. A ce point de vue il ne saurait être douteux qu'il n'entrât dans la mission du juge d'une action de bonne foi d'empêcher l'une des parties de réaliser au dépens de l'autre un bénéfice injuste (1). »

Enfin le vendeur n'est tenu à aucune restitution quand il s'agit des dépenses purement voluptuaires. L'acheteur toutefois peut enlever ce qu'il a apporté, à la charge de ne rien détériorer, *sine rei detrimento.*

§ 2. — *Effets quant à la translation de la propriété, des droits et de la possession.*

Nous venons de voir quels étaient les effets de la résolution dans les rapports du vendeur et de l'acheteur. Nous allons rechercher maintenant si la résolution ne produisait pas un effet plus énergique, ou en d'autres termes, si elle ne faisait pas disparaître *ipso jure* la propriété de l'acheteur.

Dans le chapitre suivant, en étudiant les actions qui

____

1. *Op. laud.*, p. 474 et suiv.

sanctionnent le droit de résolution, nous aurons l'occasion de montrer l'intérêt pratique qu'il y a à savoir si le vendeur est simplement créancier de la rétrocession de la chose vendue, ou si au contraire, il devient propriétaire de plein droit dès le moment de la résolution. Du reste pour comprendre l'importance de cette question, il suffit de supposer que l'acheteur est insolvable et qu'il a aliéné la chose vendue ou qu'il l'a grevée de droits réels. Avec la première solution, le vendeur perdra tout ou partie du bien aliéné, tandis que si on le considère comme propriétaire de la chose vendue dès le moment de la résolution, il ne perdra rien puisqu'il pourra faire rentrer la chose dans son patrimoine.

La question que nous venons de poser dépend de la solution que l'on adopte relativement à une question plus générale et qui peut être ainsi formulée : les Romains admettaient-ils que la propriété pût être transférée *ad tempus* ou *ad conditionem* ?

Ce n'est pas ici le lieu d'examiner à fond ce problème difficile qui a été et qui est encore l'objet de vives controverses. Toutefois comme de l'opinion que l'on admet relativement à cette question, pour ainsi dire préjudicielle, dépend la solution de la nôtre, il faut bien tout au moins indiquer les points essentiels de la controverse et en même temps le système qui a nos préférences.

Un premier point est admis par tout le monde, à savoir qu'à l'époque de Justinien la propriété peut être transférée à temps ou sous condition résolutoire. Les textes à l'appui de cette manière de voir sont nombreux. La difficulté ne porte donc que sur le point de savoir à quel moment ce principe a été introduit dans la législation romaine.

Dans une première opinion on soutient que cette règle n'a été introduite que sous Justinien, par décision de cet empereur ; jusque-là celui qui avait reçu la propriété *ad conditionem*, était simplement tenu de l'obligation de retransférer la propriété à l'aliénateur, lorsque la condition venait à se réaliser. L'aliénateur, par conséquent, n'est que créancier de la retranslation de la propriété. C'est ainsi que plusieurs textes décident que dans l'hypothèse d'une donation à cause de mort, le donateur qui survît à l'événement qui devait résoudre la donation, n'a qu'une action personnelle contre le donataire pour recouvrer la chose donnée (1). De même le vendeur sous condition résolutoire est créancier de la rétrocession, et sa créance est garantie par une action personnelle (2). De plus une constitution de Dioclétien et Maximien confirme la persistance du même principe à cette époque : « *Si stipendiariorum proprietatem dono dedisti, ita ut post mortem ejus, qui accepit, ad te rediret, donatio irrita est, cum ad tempus proprietas transferri nequiverit* (3). » Enfin, Justinien lui-même semble reconnaître cette doctrine lorsqu'il établit par une de ses constitutions que les legs et fidéicommis de propriété

1. L. 38, § 3, Dig. *De usur.* Liv. XXII, t. I et L. 35, § 3, Dig. *De mortis causa donat.* L. XXXIX, t. VI.

2. L. L, 2 et 3, Code *De pact. int. empt. et vendit.* Liv. IV, t. 54 et loi 67, § 3, Dig. *De furtis,* Liv. XLVII, t. 2.

3. *Fragmenta vaticana,* § 283.

ad tempus, nuls jusque-là, seront désormais valables (1).

Nous pouvons ajouter que ce premier système trouve encore un appui dans l'usage ancien du contrat de fiducie. Lors, par exemple, qu'un débiteur donnait sa chose en gage à son créancier, dans le premier état du droit, le créancier en devenait propriétaire absolu. Pour remédier à cet inconvénient, le débiteur obtenait du créancier, au moyen du contrat de fiducie, la promesse que celui-ci lui retransférerait la propriété du gage, s'il était payé. Cette convention ne peut s'expliquer que par le principe suivant : à savoir que la propriété ne saurait être un droit temporaire.

Un second système enseigne que dès l'époque classique, les jurisconsultes admettaient la validité de la translation de la propriété *ad conditionem*. On cite en ce sens Ulpien (2) qui accorde au donateur, au cas où la donation déjà exécutée vient à être révoquée, une action en revendication utile.

Ce jurisconsulte se pose la question suivante : une donation à cause de mort est intervenue et le donateur est revenu à la santé, aura-t-il la revendication ? Ulpien distingue alors deux hypothèses. Si la donation a été faite sous la condition suspensive de la mort du donateur, nul doute qu'il ne puisse intenter la revendication pour recouvrer sa chose, car, la condition étant défaillie, il n'a jamais cessé d'être propriétaire. Si, au contraire, la propriété a

1. Loi 26, Code, *De leg.* Liv. VI, t. 37-
2. Loi 29, Dig. *De mortis causa donat.* Liv. XXXIX, t. 6.

été transférée immédiatement au donataire, sous cette condition que la chose donnée reviendra au donateur, si celui-ci recouvre la santé ou échappe au danger qui le menace, la résolution se produisant, le donateur aura l'action en revendication. Le même jurisconsulte est, dit-on, plus affirmatif dans la loi 41, *de rei vend.* (1). Il suppose le cas d'une vente avec *in diem addictio.* Tant que la condition résolutoire n'est pas arrivée, c'est l'acheteur qui est propriétaire et a l'action en revendication. Mais la résolution survenant, il est dépouillé de la propriété et de son action réelle. Ailleurs, Ulpien rapportant une décision de Marcellus, consacre encore cette doctrine. On lit en effet dans la loi 4 §3, *de in diem addictione* (2) cette décision : « Un fonds a été vendu avec pacte *d'addictio in diem. Pendente conditione,* l'acheteur a donné en gage l'objet vendu, et la condition s'est réalisée. Le gage s'éteint, dit le jurisconsulte, car l'acheteur qui était propriétaire jusqu'à l'événement de la condition, a cessé de l'être à dater de ce jour. » Il est bien évident que ce texte est conçu dans le système du retour de la propriété au vendeur *ipso jure* car autrement l'anéantissement du droit de gage n'aurait pas de raison d'être. On cite encore à l'appui de ce système un texte de Julien : « *Si mortis causa donatus est fundus, et in eum impensæ necessariæ atque utiles factæ*

______

1. Dig. Liv. VI, T.1.
2. Dig. Liv. XVIII T. 2, ajoutez L. 3 Dig. *quibus modis.* Liv. XX, T. 6 et L.13. *De pignerat. actione vel contra.* Dig. Liv. XIII, T. 7.

sint fundum vindicantes doli mali exceptione summoven-
tur, nisi pretium earum restituant (1). »

Le jurisconsulte traite dans ce texte d'une donation à
cause de mort, sous condition résolutoire. La condition
s'est réalisée et il s'élève une contestation entre les parties
au sujet des dépenses faites par le donataire. Julien décide
que la revendication des adversaires de ce donataire sera
écartée par l'exception de dol. C'est donc que l'évènement
de la condition résolutoire avait fait naître une action réelle.

D'autre part on fait remarquer que Scœvola ayant à défi-
nir le droit du vendeur, dans une vente sous pacte commissoire, s'exprime en ces termes : « *Quæsitum est an fundi*
non sint in ea causa, ut a venditrice vindicari debeant et
conventione venditoris? Respondit, secumdum ea, quæ pro-
ponerentur, non commisisse in legem venditionis empto-
rem (2). » De même Paul semble adopter cette manière de
voir puisqu'en cas de vente avec *in diem addictio*, il décide
que *pendente conditione*; le tiers qui voudra obtenir une
servitude valable à tout évènement sur le fonds aliéné, devra
exiger le concours du nouveau et de l'ancien propriétaire (3).
Enfin deux constitutions du Code constatent le retour *ipso*
jure de la propriété au vendeur avec pacte commissoire. La
première est ainsi conçue : « *Si ea lege prædium vendidisti.*
ut, nisi intra certum tempus pretium fuisset exsolutum, emp-
trix arrhas perderet, et dominium ad te pertineret ; fides

1. Dig. Loi 14. *De mortis causa donat.* Liv. XXXIX, T. 6.
2. Loi 8, Dig. à notre titre.
3. Loi 9, pr. Dig. *De aquá et aquæ pluviæ,* Liv. XXXIX. T. 3.

contractus servenda est (1). » La seconde porte : « *Commissoriæ venditionis legem exercere non potest, qui post
præstitutum pretii solvendi diem, non vendicationem rei
eligere, sed usurarum pretii petitionem sequi maluit* (2). »

Diverses tentatives ont été faites pour mettre d'accord
les textes invoqués à l'appui de chacune des deux théories.

On a rajeuni pour la circonstance, une explication que
l'on rencontre déjà dans nos très anciens auteurs. On fait
remarquer que la différence qui se manifeste dans les textes
précités, n'est point une différence de doctrine, mais d'es-
pèces seulement. Tout dépendrait, suivant cette explication,
de la volonté des parties. Les parties ont-elles voulu que
la retranslation de propriété ait lieu *ipso jure*, alors l'aliénateur a la revendication. Les parties, au contraire, n'ont-
elles pas voulu atteindre ce résultat, le vendeur alors n'est
que créancier (3).

Malheureusement il y a des textes positifs qui résistent à

1. Loi 1. Code *de pactis inter empt. et vendit.* Liv. IV. T. 54.

2. Loi 4, *eodem.*

3. Windscheid Pandekten, *loc. cit.* et en général les pandectistes alle-
mands admettent ce système que l'on trouve dans nos anciens commentateurs. V. notamment Perez. Comment. du titre LIV du livre IV. *Ad codi-
cem,* qui distingue suivant que le pacte est fait *verbis directis* ou *verbis
indirectis.* Dans le premier cas la propriété revient au vendeur *ipso jure.*
Ce cas est prévu, dit cet auteur, par la loi 4 au Code Liv. IV. T. 54; dans le
second, le vendeur n'est que créancier, il ne peut que contraindre l'acheteur par l'action *ex vendito* à lui retransférer la propriété de la chose vendue. C'est le cas de la loi 3 au Code. Liv. IV, T. 54 : « *Qui ea lege prædium vendidit, ut nisi reliquum pretium intra certum tempus resti-
tutum esset, ad se reverteretur, si non precariam possesionem tradi-
dit, rei vindicationem non habet, sed actionem ex vendito* »

cette manière de voir. Ainsi la loi 3 du Code que nous venons de citer, en note, qui dit formellement que le vendeur sous condition résolutoire n'a que l'action personnelle, prouve assurément que si la volonté des parties pouvait suffire pour retransférer la propriété *ipso jure*, ce serait bien dans cette hypothèse que cet effet se produirait, puisque le vendeur s'est exprimé formellement en ce sens « *ut... ad se reverteretur* ». Or l'empereur Alexandre-Sévère déclare nettement que malgré ces termes non équivoques de la convention le vendeur n'a qu'un droit de créance. Il nous paraît résulter de cette observation que cette conciliation est inadmissible.

D'autres auteurs ont essayé d'expliquer les textes qui parlent de la revendication en disant que cela n'impliquait nullement que la propriété fût revenue de plein droit à l'aliénateur, mais seulement que celui-ci se trouvait investi de l'action en revendication, en vertu d'une cession tacite de cette action de la part de l'acquéreur (1).

Mais on ne peut, croyons-nous, forcer ainsi le sens des mots. Les textes sont trop formels en faveur du retour de la propriété *ipso jure*, pour que l'on puisse s'arrêter à cette explication.

MM. Pellat et Bufnoir ont indiqué une autre solution de ce problème délicat. Notre savant maître M. Bufnoir s'exprime de la façon suivante : « Je crois donc être dans la vérité historique en répétant comme conclusion, avec le

1. Maynz. Élém. de droit romain § 331, notes 26 et 39.

savant doyen de la faculté de droit de Paris : l'ancien droit romain n'avait pas admis qu'on pût transférer la propriété *ad conditionem* ; mais l'opinion contraire a été proposée, dès l'époque classique, par quelques jurisconsultes, et sous Justinien on ne doit plus douter qu'il ne soit possible de transférer un droit de propriété en le soumettant à une résolution conditionnelle (1). »

Peut-être ces savants auteurs ne sont-ils pas allés assez loin dans leur conclusion.

En effet, on peut soutenir que de tout temps, à Rome, il a été possible aux parties contractantes d'affecter le transport de propriété d'une condition telle, que le jour où elle se réaliserait, la propriété aliénée ferait retour *ipso jure* à l'aliénateur. Cette doctrine, nous l'avons dit, semble bien être celle d'Ulpien, de Marcellus, de Scœvola et de Paul (2).

Quant aux objections tirées de certains textes qui semblent contraires à cette théorie, on peut, croyons-nous, y répondre, en disant que s'ils donnent à l'aliénateur un simple droit de créance, ces textes ne lui refusent pas positivement la revendication. Si nous appliquons cette théorie à la vente avec clause commissoire, il est aisé de prouver que dès l'époque classique, les jurisconsultes étaient d'avis que le vendeur, après la résolution, redevenait *ipso jure* propriétaire de la chose vendue (3). Peut-être même les nécessités pratiques dans cette hypothèse

1. Théorie de la cond., page 176.

2. Cette solution est celle qu'enseigne, à son cours, notre savant maître, M. Gérardin.

3. Scœvola. Loi 8, Dig. à notre titre.

comme aussi dans celle d'*addictio in diem*, imposaient-
elles ici plus impérieusement que partout ailleurs, une
pareille solution. Il ne faut pas oublier que notre clause a
été introduite pour donner au vendeur une garantie contre
les risques que pouvait lui faire encourir l'insolvabilité
de l'acheteur. Or, nous l'avons vu, et nous insisterons
encore sur ce point tout à l'heure, ce résultat ne pouvait
être obtenu que si le droit de propriété de l'acheteur était
lui-même atteint par la résolution du contrat. On comprend
donc que les jurisconsultes aient attribué une pareille
efficacité à la clause commissoire (1). Quant aux textes
qui consacrent même sous Justinien, l'existence du droit de
créance du vendeur (2), nous le répétons, ils ne sont pas
contraires à notre solution puisqu'ils ne lui refusent pas la
revendication.

Enfin relativement aux textes émanés de Justinien lui-
même (L. 26, Code *de legatis*, liv. VI, t. 37), on peut
dire que cet empereur loin d'avoir promulgué une législation nouvelle, a plutôt consacré, dans des hypothèses parti-
culières, des principes adoptés par les jurisconsultes depuis
plusieurs siècles. Reste la fameuse loi 2 au Code *de donat.
quæ sub modo* (Liv. VII, t. 55) dont voici le texte : « *Si
rerum tuarum proprietatem dono dedisti, ita ut post mor-*

—————

1. V. en ce sens. — L. 8, précitée à notre titre. — L. 41, Dig. *De rei
vind*. Liv. VI, T. 1. — L. 9, pr. Dig. *De aqua et aquæ pluv. arc.* Liv.
XXXIX, T. 3. — L. 4, Code, *De pactis inter vend. et empt.* Liv. IV, T.
54.

2. L. 3. Code, *De pactis inter vend. et empt.* Liv. IV, T. 54.

*tem ejus, qui accipit, ad te rediret, donatio valet : cum
etiam ad tempus certum, vel incertum ea fieri potest, lege
scilicet, quæ ei imposita est, conservanda.* » Cette constitution n'est autre chose, comme l'a prouvé M. Pellat (revendication, p. 284), que le texte précité des *fragmenta vaticana* § 283. Justinien, en effet, en conserve et l'espèce et
le langage de ses auteurs. Seulement en l'insérant au Code,
cet empereur a mis ce texte en harmonie avec le principe qu'il
a consacré. Ce fragment, si on l'examine attentivement, ne
prouve rien contre notre théorie puisqu'il ne dit qu'une chose,
à savoir qu'à l'époque où il a été rédigé (en 286) et même
jusqu'à Justinien *ad tempus proprietas transferri nequiverit.* Or l'hypothèse qui nous occupe est toute différente,
puisqu'il s'agit non plus de transférer la propriété à terme,
mais bien sous condition résolutoire. Est-il besoin de montrer les différences qui existent entre les deux cas ? Le propriétaire à terme n'est pas un véritable propriétaire, son
droit est d'une nature spéciale ; il est assez difficile à con-
cevoir. En effet, qu'est-ce qu'un propriétaire qui n'a pas
la faculté de disposer ? Au contraire rien de plus facile à
imaginer qu'un propriétaire sous condition résolutoire. Une
fois que la jurisprudence romaine a admis cette condition,
pendente conditione, l'acquéreur est traité comme un véritable propriétaire ; il a tous les avantages que procure le
droit de propriété : il peut aliéner. Si la condition ne se
réalise pas, ses actes de disposition seront inattaquables.
Si elle se réalise, ils tomberont et la propriété ne lui aura
jamais appartenu ; elle sera toujours restée sur la tête de

l'aliénateur. Ces observations suffisent, croyons-nous, pour prouver que le § 283 des *Fragmenta vaticana*, loin d'avoir l'importance qu'on veut lui donner, n'a rien à faire dans cette discussion.

En résumé il est certain que, sous Justinien, la résolution affecte la propriété de la chose vendue, qui fait retour de plein droit au vendeur, de sorte que ce dernier pourra la revendiquer tant contre l'acheteur que contre les tiers acquéreurs. De même les droits réels concédés par l'acheteur sont éteints comme la propriété elle-même. C'est la conséquence forcée de cette théorie ; elle est d'ailleurs confirmée par les textes (1).

Nous avons jusqu'ici supposé que le vendeur sous pacte commissoire était propriétaire de la chose vendue : demandons-nous maintenant quelles sont les conséquences de la résolution au cas où la vente a eu pour objet une *res aliena*. Le vendeur qui a exercé la résolution peut-il joindre à sa possession antérieure à la vente, celle de l'acheteur ?

Javolenus répond affirmativement : « *Si hominem emisti, ut, si aliqua conditio extitisset, inemptus fieret, et is tibi traditus est, et postea conditio emptionem resolvit : tempus, quo apud emptorem fuit, accedere venditori debere existimo ; quoniam eo genere retroacta venditio esset redhibitioni similis, in qua non dubito tempus ejus, qui*

____

1. L. 4, 1 § 3, Dig. *De in diem addictio*, liv. XVIII, t. 2 ; — L. 9, pr. Dig. *De aqua et aquæ pluv. Arc.* liv. XXXIX, t. 3.

*redhibuerit, venditori accessurum, quoniam ea venditio
proprie dici non potest* (1). »

Si au moment de la résolution, l'usucapion était accomplie, on pourrait croire que cette usucapion s'est accomplie au profit du vendeur qui pourrait revendiquer la
chose comme s'il en avait été propriétaire dès le début.
Mais il n'en est rien. Il faut décider, par analogie des règles admises en matière de donations à cause de mort (2)
que c'est l'acheteur qui est devenu propriétaire, mais à
charge pour lui de rétrocéder la chose au vendeur.

§ 3. — *A partir de quelle époque se produisent les effets de la résolution.*

Il nous reste à déterminer à partir de quel moment se
produisent les effets de la résolution. Cette question qui
est la conséquence de celle que nous avons examinée précédemment se formule de différentes manières : la condition résolutoire accomplie rétroagit-elle au jour de la
vente? ou bien encore, la résolution est-elle produite *ex
tunc* ou *ex nunc?* En réalité il s'agit de savoir quel sera
le sort des actes accomplis *pendente conditione.*

D'après une opinion qui paraît généralement admise

1. L. 19 Dig. *De usurp. et usuc.* Liv. XLI, t. 3. Comp. l. 6, § 1, Dig.
De div. temp. etc. Liv. XLIV, t. 3.—L. 13, § 2 Dig. *De adq. vel amit. poss.*
Liv. XLI, t. 2.

2. L. l. 13 pr., 33 Dig. *De mortis causa donat.* Liv. XXXIX, t. 3.

chez nous, la résolution rétroagit au jour de la vente (1).

Au contraire *le système* de la non-rétroactivité a joui un certain temps en Allemagne, d'une très-grande faveur (2).

Voyons d'abord quel est l'intérêt théorique de la question.

A ce point de vue, la différence entre les deux systèmes est capitale : pour les partisans de la rétroactivité, la résolution opère dans le passé comme dans l'avenir, de sorte que les droits de l'acheteur sont censés n'avoir jamais existé ; au contraire pour ceux qui adoptent l'idée de la non rétroactivité, l'acheteur cesse d'être propriétaire *ex nunc*, du jour de la résolution ; jusqu'à ce jour il a été réellement propriétaire. Si nous envisageons la question au point de vue pratique, les conséquences des deux opinions ne sont pas très divergentes. En effet, dans l'une comme dans l'autre théorie, on admet que la résolution fait tomber les actes de dispositions émanés de l'acheteur pendant l'*interim* ; car soit que l'on considère l'acheteur comme n'ayant jamais été propriétaire, soit qu'on le considère comme ayant une propriété *ad tempus*, les droits par lui concédés sur la chose doivent cesser en même temps que son propre droit.

Dès lors la question que nous avons à examiner, perd

1. V. notamment M. Accarias *loc. cit.*

2. Vangerow, Fitting etc. Actuellement c'est l'opinion contraire qui semble prévaloir. Windscheid. Pand. § 91, n° 2 et 3 ; Arndts, § 71, n. 4.

Chez nous le système de la non rétroactivité est suivi par MM. Bufnoir, *op. cit.* p. 479 et suiv. et par Vernet, textes choisis, p. 144 et suiv.

beaucoup de son intérêt ; elle est, on le voit, plus théorique que pratique. Cependant, à certains égards nous verrons qu'il n'est pas indifférent d'adopter l'un ou l'autre des deux systèmes en présence.

Voyons maintenant les textes. On en cite habituellement trois sortes : les premiers sont relatifs à l'*accessio possessionum* du vendeur et de l'acheteur ; les seconds, à la restitution des fruits perçus par l'acheteur, et les derniers à la cession des actions et droits acquis, *interim*, par l'acheteur.

1° *Accessio possessionum*. — Il s'agit ici de l'hypothèse où le vendeur sous condition résolutoire, a vendu la chose d'autrui. Lorsqu'il aura exercé la résolution pourra-t-il joindre à sa possession antérieure celle de l'acheteur ?

A cette question Africain dans la loi 6, § 1, au Dig. *de divers. temp.* (1), et Javolenus dans la loi 19, au Dig. *de usurp. et usuc.* (2), répondent affirmativement en assimilant le cas de résolution au cas de rédhibition.

Pour que cette *accessio possessionum* se produise, il est bien évident que les conditions générales exigées en cette matière, doivent se trouver remplies. Nous n'insisterons pas sur ce point.

2° Les fruits acquis *interim* par l'acheteur doivent être restitués au vendeur ainsi qu'on l'a vu précédemment. Il est à remarquer, à ce propos, que le vendeur ne se prétend pas propriétaire, mais créancier des fruits, car les textes ne lui donnent, pour les réclamer, que l'action *ex vendito*.

1. Dig. Liv. XLIV, T. 3.
2. Dig. Liv. XLI, T. 3.

3? Enfin nous avons vu également que l'acheteur doit céder au vendeur en cas de résolution, l'interdit *quod vi aut clam* et vraisemblablement tous autres interdits ou actions acquis par lui dans l'intervalle.

C'est sur ces trois résultats produits par la résolution que se fondent les partisans de la non-rétroactivité. (1). Comment, disent-ils à leurs adversaires, pourriez-vous concilier ces trois effets avec votre doctrine? Si la résolution rétroagit au jour du contrat, il n'y a eu ni vente, ni acheteur; celui-ci n'a donc pas possédé dans l'intervalle et le vendeur ne peut invoquer, pour la joindre à la sienne, une possession qui n'a jamais existé. Il en est de même des fruits. Si vous ne tenez aucun compte de l'intervalle, pourquoi admettez-vous que l'acheteur soit propriétaire des fruits ? Le vendeur devrait avoir pour les réclamer, une action en revendication, et les textes ne lui donnent qu'une action personnelle. Enfin comment expliquer que l'acheteur ait pu acquérir des droits qui sont restés sur sa tête, comme par exemple l'interdit *quod vi aut clam*, et qu'il soit tenu de les céder au vendeur ? Ces droits ne devraient-ils pas appartenir de plein droit au vendeur ?

1. Nous laissons de côté un prétendu argument de texte que l'on voudrait tirer des termes employés par les jurisconsultes romains pour exprimer la résolution des droits réels : *rem pignori esse desinere, finiri pignus.* (L. L. 4 § 3 Dig. *De in diem add.* Liv. XVIII. T. 2 et 3 Dig. *quib. mod. pign. solv.* Liv. XX. T. 6.) Il nous paraît évident que ces textes laissent intacte la question de savoir à quel moment s'est opérée la cessation de ces droits.

Malgré cette argumentation qui n'est pas sans force (1), nous croyons que les textes invoqués par les partisans de cette doctrine ne sont pas inconciliables avec la théorie de la rétroactivité. On peut dire en effet, que seul le système de la rétroactivité de la condition est conforme à l'intention des parties qui est d'assurer une garantie sérieuse au vendeur. À ce point de vue ce système paraît une conséquence nécessaire de la doctrine du retour de la propriété *ipso jure* au vendeur par le seul fait de l'avènement de la condition. Tel paraît avoir été d'ailleurs le sentiment des jurisconsultes romains. Paul dans la loi 9 pr. au Digeste. *de aqua et aquæ pluv. arc.* (Liv. XXXIX, T. 3.) s'exprime ainsi : « *In diem addicto prædio et emptoris et venditoris voluntas exquirenda est : ut sive remanserit penes emptorem, sive recesserit, certum sit, voluntate domini factam aquæ cessionem* »

Le jurisconsulte nous dit que celui qui veut acquérir, en toute sécurité, une servitude sur un fonds aliéné avec *in diem addictio* doit obtenir l'assentiment de l'acheteur et celui du vendeur. On ne comprendrait pas quelle serait l'utilité de l'intervention du vendeur, si par l'arrivée de la condition, le transfert de propriété n'était pas anéanti rétroactivement. Dans ce système, la concession émanée de l'acheteur serait parfaitement valable. Pour écarter ce texte qui paraît si concluant en notre sens, on a soutenu que

1. Elle est formulée dans une dissertation récente sur la matière : Dic resolutiv bedingung und ihre Wirkung par M. Missir. Berlin 1879, p. 68 et suiv.

l'*in diem addictio*, dans l'espèce, renfermait non une condition résolutoire mais une condition suspensive (1).

Mais cette explication doit, à notre avis, être repoussée par les deux considérations suivantes : d'abord parce que les termes employés par le jurisconsulte sont très généraux, et que Paul, en écrivant cette décision, n'ignorait pas que l'*in diem addictio* pouvait être conçue sous la forme d'une condition résolutoire comme sous la forme d'une condition suspensive. Du moment qu'il ne spécifie pas, c'est qu'il se place dans les deux hypothèses à la fois. Ensuite, on n'a pu donner aucun motif valable de cette distinction entre les effets de l'*in diem addictio* sous condition suspensive et ceux de l'*in diem addictio* sous condition résolutoire. Il est possible d'ailleurs que la législation romaine n'ait point appliqué jusqu'au bout les conséquences de la rétroactivité et qu'elle ait admis des exceptions à cette règle. Les trois hypothèses que nous avons étudiées plus haut, seraient de ce nombre, et l'on pourrait dire alors que la rétroactivité dans le droit romain n'est pas absolue mais simplement relative (2).

Quoi qu'il en soit de ces explications que nous proposons sous toutes réserves, il nous paraît incontestable que le principe même de la rétroactivité de la résolution a été reconnu par la loi romaine. C'était là une conséquence iné-

---

1. M. Bufnoir, *op laud* pages 166 et suiv.

2. V. en ce sens, Windscheid, Pandekt, § 91. C'est à tort, suivant nous, que Arndts (§ 71, n. 4) soutient le système de la rétroactivité absolue.

vitable, nous l'avons dit, de la résolution du droit de propriété. (1)

Dans la théorie de la non-rétroactivité comme dans la nôtre, on admet que les droits réels concédés par l'acheteur, s'éteignent avec la résolution ; donc la question n'offre pas d'intérêt pratique au point de vue des actes de disposition consentis par l'acheteur. Dès lors, il semble qu'il n'y ait pas grand intérêt à adopter l'une ou l'autre de ces théories. Toutefois on peut signaler quelques différences pratiques entre les deux opinions lorsqu'on se trouve en face de droits réels émanant du chef du vendeur. Ainsi, dans notre système, les droits réels concédés par le vendeur se trouvent validés, en cas de résolution (1), tandis que dans l'opinion de nos adversaires, un acte de disposition de sa part aurait le sort qui est fait par le droit commun aux diverses aliénations de la chose d'autrui (2).

Réciproquement l'acheteur a-t-il acquis une servitude active au profit du fonds soumis au pacte commissoire, ce droit n'appartient pas, selon nous, au vendeur qui a exercé la résolution. De même si l'acheteur avait sur le fonds une servitude antérieurement à la vente, cette servitude revivrait de plein droit, suivant nous, tandis qu'elle serait définitivement éteinte dans le système adverse. Telles sont les différences pratiques que l'on peut signaler entre les deux doctrines. On voit qu'elles sont peu importantes ; peut-être même n'existe-t-il sur ces divers points

1. Paul, loi 9, *de aqua et aquæ pluv. arc*, précitée.
2. V. sur ce point M. Bufnoir, *op. cit.* p. 481.

que des distinctions de procédure, car il ne faut pas oublier que nous sommes ici en présence d'un contrat de
bonne foi, et que le juge a pleins pouvoirs pour faire prévaloir les règles d'équité : *ea quæ sunt moris et consuetu-
dinis in bonæ fidei judiciis debent venire* (1).

1. Arg. Loi 7, § 1, Dig. *de fundo dotali* Liv. XXIII. t. 5

CHAPITRE V

Pour sanctionner les effets de la résolution, les jurisconsultes ont longtemps hésité sur la nature de l'action que l'on devait mettre à la disposition du vendeur. On admet généralement qu'on accorda tout d'abord au vendeur, sans difficulté, la *condictio sine causa* (1). Mais cette action qui permettait au vendeur de réclamer simplement la rétrocession de la chose vendue, ne remplissait que très imparfaitement le but que les parties avaient voulu atteindre au moyen de la clause commissoire. C'est pourquoi nous voyons les jurisconsultes chercher une autre voie.

Était-il donc impossible de faire naître du contrat lui-même une action qui pût sanctionner d'une façon plus directe et plus complète, la clause commissoire ? Mais quelle serait cette action ? Les uns, comme nous l'indique Pomponius, qui est ici l'organe de l'école sabinienne, pensaient que le pacte pouvait être sanctionné par l'action *venditi* (2).

1. L. 1, § 2, Dig. *De condict. sine caus.* Liv. XII, t. 7. M. Accarias, *op. cit.* t. 2, p. 468.
2. L. 6, § 1, Dig. *De cont. empt.* Liv. XVIII, t. 1.

On objectait, il est vrai, qu'un pareil pacte tendant à anéantir la vente, ne pouvait être protégé par les actions de ce contrat qui avaient été créées dans un tout autre but : poursuivre l'exécution des obligations nées du contrat de vente. Pomponius qui prévoit l'objection, la réfute dans la loi 6, § 1. *De contr. empt.* en ces termes : « *Nec conturbari debemus, quod inempto fundo facto dicatur, actionem ex vendito futuram esse ; in emptis enim et venditis potius id, quod actum quam id, quod dictum sit, sequendum est; et quum lege id dictum sit, apparet, hoc duntaxat dictum esse, ne venditor emptori pecunia ad diem non soluta obligatus esset, non ut omnis obligatio empti et venditi utrique solveretur.* » En d'autres termes, les partisans de l'action *venditi* soutenaient qu'il s'agissait ici d'un véritable pacte ajouté *in continenti* au contrat de vente ; que le pacte ne détruisait pas complètement la vente ; que telle était l'intention non équivoque des parties, et que par suite il fallait s'en tenir aux principes généraux.

D'autres jurisconsultes, les Proculiens, se demandaient si, au contraire, on ne se trouvait pas ici en présence non d'une véritable vente mais d'un contrat innommé. Le contrat résolu, il n'y a plus de vendeur, que reste-t-il donc ? Une *datio* qui a été effectuée en vue d'une *datio* éventuelle de la part de l'*accipiens* au *tradens*. Or n'est-ce pas là le cas d'un contrat *do ut des* ? Dès lors ce n'est point l'*actio venditi* qu'il faut accorder à l'aliénateur, mais l'action *præscriptis verbis*.

On voit par là que cette discussion n'est très vraisemblablement, qu'une reproduction de la célèbre controverse des deux grandes écoles, à propos des contrats innommés. Hâtons-nous d'ajouter qu'il n'y avait guère d'intérêt pratique à adopter l'une plutôt que l'autre de ces solutions. Par l'action *præscriptis verbis*, en effet, comme par l'action *venditi*, le vendeur obtenait le même résultat. C'étaient des actions de bonne foi, du moins à notre avis, tendant au même but : l'exécution des obligations créées par la résolution. Le résultat est le même, quelle que soit l'action employée.

La question de savoir laquelle de ces deux actions a fini par prévaloir n'a donc qu'un intérêt purement doctrinal. Ulpien nous apprend, à cet égard, que par rescrit des empereurs Sévère et Antonin, l'action *venditi* fut adoptée comme sanction de la *lex commissoria* (1). Nous trouvons, en outre, un autre rescrit d'Alexandre-Sévère, qui donne au vendeur l'une ou l'autre de ces deux actions pour le cas de réméré (2). Cette décision dut s'appliquer aussi à la *lex commissoria.* Ainsi dut finir la controverse.

On a vu que le vendeur pouvait aussi exercer son droit de résolution par la voie de l'action en revendication. Il semblerait dès lors que l'action personnelle était inutile. Il est, en effet, incontestable que l'action réelle présente des avantages bien supérieurs à ceux qui résultaient de l'action personnelle ; ainsi en cas d'aliénation totale ou partielle, où

---

1. Loi 4, pr. à notre titre.
2. L. 6, Dig. *De rescind. vend.* Liv. XVIII. T. 5 et L. 2, Code. *De pactis inter empt. et vend.* Liv. IV, T. 54.

bien encore en cas d'insolvabilité de l'acheteur, le vendeur, s'il veut user de l'action en revendication, ne courra aucun risque, puisqu'il pourra toujours obtenir la chose elle-même. Avec l'action personnelle, au contraire, il ne pourra la recouvrer si l'acheteur l'a aliénée ; ou bien, si elle est encore entre ses mains, il la recouvrera avec les charges dont elle a été grevée par lui. Si l'acheteur est insolvable, il subira le concours des autres créanciers de l'acheteur. Malgré ces avantages incontestables de l'action en revendication, il peut cependant se présenter des cas où le vendeur aurait intérêt à agir par voie d'action personnelle.

Pour comprendre l'intérêt que peut avoir le vendeur à recourir à ce procédé, il faut supposer que le vendeur n'était pas propriétaire au jour de la vente, de la chose vendue. Comment, dans ce cas, exercerait-il l'action en revendication ? La résolution ne lui transfère point la propriété ; elle a seulement pour résultat de le remettre dans la situation qu'il avait au jour de la vente, et, puisqu'à ce moment il n'avait pas l'action en revendication, il ne l'aura pas davantage, en vertu de la résolution. De même nous avons vu que la résolution de la vente permettait au vendeur d'exiger de la part de l'acheteur, des prestations diverses (fruits, dommages et intérêts, etc.). Toutes ces obligations sont sanctionnées par l'action personnelle. On peut également obtenir par l'action *venditi*, le paiement du prix, dans le cas où la chose vendue aurait péri par cas fortuit.

Enfin un dernier cas où les actions personnelles offrent encore au vendeur toute leur utilité, c'est lorsqu'il s'agit pour lui d'obtenir certaines restitutions et indemnités déjà dues antérieurement à l'époque où il a recouvré son droit de propriété. Pour toutes ces restitutions, il n'y a de ressource possible que dans les actions personnelles, car dans l'action en revendication le juge ne peut tenir aucun compte de ces faits antérieurs au droit de propriété du vendeur, c'est-à-dire antérieurs à la résolution (1). En d'autres termes, le champ de l'action personnelle est plus vaste que celui de l'action réelle, et on comprend que si la solvabilité de l'acheteur est assurée, le vendeur ait plutôt recours à la première de ces deux actions qu'à la dernière.

En résumé, le vendeur non payé aura contre l'acheteur l'action *venditi* pour le forcer à payer le prix ; il aura encore, si nous supposons l'existence de la clause commissoire, l'action en résolution personnelle ou l'action en revendication, et il pourra choisir librement entre elles, suivant son intérêt.

Si nous nous plaçons dans l'hypothèse où l'acheteur est solvable, et où la chose vendue n'a pas diminué de valeur depuis la vente, le vendeur pourra avoir intérêt à négliger le droit que lui confère le pacte commissoire pour s'en tenir à l'action ordinaire en paiement du prix. Au contraire, l'acheteur est-il insolvable ou bien la chose, objet de la vente, a-t-elle perdu de sa valeur, c'est l'action en résolution qui sera plus avantageuse pour le vendeur. Dans cette dernière hypothèse nous savons qu'il aura à son choix, pour

1. M. Bufnoir, *op. cit.*, p. 478 et suiv. — M. Accarias, *op. cit.*, T. 2, p. 470 et suiv.

faire valoir son droit de résolution, soit l'action personnelle, soit l'action en revendication, et qu'il aura avantage à exercer tantôt l'une, tantôt l'autre.

Jusqu'ici nous avons envisagé le cas le plus pratique, celui d'une vente à terme. Il faut maintenant examiner la situation du vendeur en cas d'une vente pure et simple.

On connaît la disposition du § 41 des Instituts (liv. II, T. I). Le vendeur pur et simple, en admettant qu'il ait exécuté la vente, est, par suite de cette disposition, armé d'un double droit : il peut, naturellement, réclamer le paiement du prix, et si l'acheteur se refuse à exécuter la sentence, procéder à la saisie de ses biens. Mais en agissant ainsi, il court le risque de n'être point payé ou du moins de ne pas l'être intégralement, car il est exposé à subir le concours des autres créanciers attendu qu'à la créance du vendeur, en droit romain, n'est attaché aucun droit de préférence.

Le vendeur, dans notre hypothèse, a en outre, s'il le préfère, la faculté de revendiquer purement et simplement la chose vendue, car, nous le savons, par suite d'une règle spéciale à la vente, la tradition que le vendeur fait à l'acheteur de la chose vendue, lorsque la vente est pure et simple et que l'acheteur n'a fourni aucune sûreté personnelle ou réelle, ne transfère point la propriété. Le vendeur resté propriétaire peut donc, malgré la tradition, revendiquer la chose vendue.

Si nous comparons le vendeur à l'échangiste, nous trouvons que ce dernier est d'un côté traité plus favorablement, puis-

que par la force même du contrat, il jouit du droit de résolution qu'il peut exercer par la voie de la *condictio ob rem
dati*, tandis que le vendeur n'a le droit de résolution qu'autant
qu'il l'a fait insérer dans le contrat. Au contraire, si nous
nous plaçons au point de vue du droit de revendication,
nous voyons que c'est le vendeur qui est le mieux protégé,
puisque ce droit qui est reconnu au vendeur, dans l'hypothèse qui nous occupe, n'est en aucun cas accordé à
l'échangiste.

Comparons maintenant la position du vendeur dans une
vente pure et simple avec celle du vendeur dans une vente
à terme. Si ce dernier n'a pas vendu avec clause commissoire, il n'a que la créance du prix, sanctionnée par une
action personnelle, l'action *venditi*. Il est donc moins protégé que le vendeur au comptant qui a, outre cette action,
l'action en revendication qui est donnée contre les tiers et
qui lui permet de méconnaître toute aliénation consentie
par l'acheteur.

Si le vendeur à terme a eu soin de faire insérer dans son
contrat la clause commissoire, il pourra, comme nous l'a-
vons déjà dit, exercer l'action en résolution qui sera à son
choix personnelle ou réelle. S'il opte pour cette dernière,
il semble que sa situation soit identique à celle du vendeur
au comptant, armé comme lui de l'action en revendication. Mais il n'en est rien ; car le vendeur au comptant, s'il
peut revendiquer la chose vendue, son action en revendication n'a point pour effet, comme celle qui sanctionne le
pacte commissoire, de résoudre le contrat ; elle laisse le ven-

deur dans les liens du contrat, et lorsque l'acheteur sera disposé à payer le prix, il sera obligé d'exécuter son obligation. C'est là une situation très rigoureuse imposée au vendeur qui reste ainsi à la discrétion de l'acheteur, sans pouvoir tirer parti de la chose vendue, puisqu'à chaque instant il peut être obligé de la livrer. Aussi M. Machelard (1) a-t-il pensé que, dans la pratique, le juge se montrait plus équitable et pouvait délier le vendeur de son obligation.

Quelque grande que soit l'autorité du savant professeur, nous croyons qu'en l'absence de textes en sens contraire, il faut décider que le contrat subsistait malgré la revendication de la part du vendeur.

On comprend donc maintenant qu'il est impossible d'assimiler la situation du vendeur à terme, muni du droit de résolution avec celle du vendeur au comptant. Il est en outre manifeste que ce dernier peut avoir intérêt à faire insérer dans le contrat de vente le droit de résolution, puisqu'en vertu de ce droit il se déliera de ses obligations vis-à-vis de l'acheteur, tandis qu'il serait livré à sa discrétion, en l'absence d'un pacte commissoire.

Nous devons ajouter toutefois que ces considérations nous paraissent plus théoriques que pratiques, car il n'est guère vraisemblable, à notre avis, que chez les Romains un vendeur au comptant ait stipulé dans le contrat de vente le droit de résolution. En effet, parmi les textes que nous

---

1. *Des obligations naturelles en droit romain*, p. 53, n° 1.

avons étudiés, nous n'avons jamais rencontré une semblable hypothèse. Pour nous cela s'explique fort bien par cette observation pratique que celui qui.vend au comptant se croit suffisamment garanti par son droit de rétention ou par son droit de revendication, s'il a livré. Il en est autrement du vendeur à terme : il est dans la situation d'un créancier ordinaire, sans droit de préférence qui le garantisse contre l'insolvabilité de son débiteur. Exposé à perdre la chose et le prix, on conçoit qu'il ait cherché à se réserver par le contrat même une sûreté, puisque la loi ne lui en donnait aucune. Et voilà pourquoi la *lex commissoria* était si fréquente dans les ventes à terme, tandis qu'elle devait être extrêmement rare dans les ventes au comptant. Garantie unique du vendeur dans la première hypothèse, la *lex commissoria* n'était plus dans la seconde qu'une garantie supplémentaire.

DROIT FRANÇAIS

De la résolution de la vente pour défaut de paiement du prix.

ANCIEN DROIT

La vente, en droit romain, avait pour effet de créer des obligations ; elle n'avait pas pour effet de transférer la propriété. L'acheteur ne devenait propriétaire de la chose vendue que par le paiement du prix, lorsque la vente était faite sans terme. Tant que le prix n'était pas acquitté, la chose vendue, quoique livrée, continuait à appartenir au vendeur qui pouvait, par l'action *venditi*, poursuivre le paiement du prix, et, à défaut de paiement, intenter l'action en revendication pour reprendre la chose vendue qu'il avait imprudemment livrée. Le contrat néanmoins subsistait toujours ; aussi le vendeur qui ne pouvait pas disposer de la chose vendue, était à la merci de l'acheteur, toujours à même, en payant son prix, de réclamer l'exécution du contrat.

Mais il en était autrement lorsque la vente était accompagnée d'un délai pour le paiement, c'est-à-dire lorsque le vendeur avait suivi la foi de l'acheteur. La tradition, alors, transférait à l'acheteur la propriété de la chose vendue, et le vendeur non payé, qui avait mal placé sa confiance, ne pouvait reprendre la chose vendue ni par le droit de revendication, ni même par l'action en résolution, s'il n'avait eu le soin de stipuler par une clause spéciale que la vente, à défaut de paiement du prix, serait réputée non avenue. Simple créancier du prix, le vendeur n'avait plus, dans ce cas, que la ressource de l'action personnelle, de l'action *venditi*, qui ne lui permettait d'invoquer aucune cause de préférence sur la chose vendue.

Ces règles du droit romain, que nous venons de rappeler, furent toujours suivies dans les pays de droit écrit (1).

Comme en droit romain, la résolution de la vente pour défaut de paiement du prix exigeait une clause commissoire expresse ; mais alors la résolution, faute de paiement à l'échéance du terme accordé à l'acheteur pour se libérer, avait lieu de plein droit, du moins en ce sens que si le vendeur avait agi en temps utile, c'est-à-dire dans un bref délai, laissé à l'appréciation des tribunaux, l'acheteur ne pouvait plus, même en offrant de payer son prix, échapper à la résolution de la vente. Le parlement de Toulouse

_____

1. Despeisse, t. 1, p. 48, n° 19. — D'Olive, liv. 2, chap. 17.

admettait cependant que l'acheteur pouvait *purgare moram
celeri præstatione* (1).

Daus les pays de contume, après avoir pendant longtemps suivi les traditions romaines (2), on arriva à s'en
écarter peu à peu. Des innovations très importantes furent
apportées.

Tout en conservant en matière de vente les régles
romaines sur la translation de la propriété, la jurisprudence
coutumière arriva de bonne heure à sous-entendre dans
tous les contrats de vente, la clause commissoire que le
droit romain n'admettait qu'au profit du vendeur prudent
qui avait pris soin de la faire insérer dans le contrat. Cette
idée tout à fait eonforme à la véritable intention des parties
qui est l'origine du principe formulé dans l'article 1184 de
notre Code civil, avait été émise par Domat : « quoiqu'il
n'y ait pas de clause résolutoire faute de payer au terme et
d'exécuter certaines conventions, la vente ne laissera pas
d'être résolue, si le défaut de paiement du prix, ou l'inexécution y donne lieu après le délai, selon les circonstances ;
car les contractants ne veulent que le contrat subsiste
qu'en cas que chacun exécute son engagement (3). »
Pothier, qui reproduit cette même idée dans son traité de
la vente, nous indique les motifs pour lesquels la jurisprudence admit la condition résolutoire en cas d'inexécution
des obligations, sans qu'elle eût été stipulée. Il fait remar-

1. Catelan. Liv. 5. Chap. 20.
2. Despeisse, *loc. cit. supra.* — Pothier, *Traité de la vente*, n° 476.
3. Lois civiles. Liv. I, T. II, Sect. XII.

quer que, suivant le droit romain, la demeure de l'une des parties contractantes qui ne satisfaisait pas à son obligation n'était pas toujours une cause suffisante pour donner à l'autre partie le droit de demander la résolution du contrat ; ainsi le vendeur lorsque l'acheteur était en demeure de payer son prix, ne pouvait simplement que poursuivre, par les voies de droit, le paiement du prix qui lui était dû, mais il n'avait pas qualité pour demander la résolution du contrat. Ces principes, ajoute-t-il, « ont été autrefois suivis dans notre pratique française. Mais comme le plus souvent on ne peut, sans de grands frais, se faire payer de ses débiteurs, on a été obligé de se déporter dans les tribunaux, de la rigueur de ces principes ; et l'on admet un vendeur à demander la résolution du contrat de vente pour cause de défaut de paiement du prix, quoiqu'il n'y ait pas de pacte commissoire (1). »

Pour faire admettre cette heureuse innovation qui a l'équité pour but et l'interprétation raisonnable de la volonté des parties pour base juridique, nos anciens auteurs s'inspirèrent du droit romain. Frappés de voir que les textes romains admettaient dans les contrats innommés la *condictio causa data causa non secuta*, ils étendirent aux contrats nommés, cette règle d'équité que les Romains avaient restreinte aux contrats innommés (2). C'est ainsi que s'établit,

1. *Traité de la vente*, n° 475.
2. V. sur ce point l'intéressant travail de M. Léveillé, *De la résolution pour inexécution des charges.*

en matière de vente, la condition résolutoire tacite à côté du pacte commissoire.

Une seconde innovation non moins importante fut introduite par nos anciens auteurs. Pothier nous en rend compte dans son traité de la vente. Rappelant les principes du droit romain en matière de pacte commissoire, principes suivant lesquels le pacte commissoire était censé avoir opéré de plein droit la résolution du contrat de vente par cela seul que l'acheteur avait négligé de payer le prix dans le terme convenu ; de sorte que ce dernier ne pouvait plus par des offres de paiement, faites après l'expiration du délai, empêcher la résolution du contrat, le jurisconsulte ajoute : « Selon notre jurisprudence, le pacte commissoire n'opère pas de plein droit la résolution du contrat pour défaut de paiement dans le temps limité ; il donne seulement au vendeur, en ce cas, une action pour demander la résolution du contrat, qui n'est opérée, au moins irrévocablement, que par la sentence qui, par cette action, déclare le contrat nul et résolu, faute par l'acheteur d'avoir payé. L'acheteur peut donc, jusqu'à ce que la sentence soit intervenue, quoique après l'expiration du terme, empêcher la résolution du contrat par des offres » (1). Ainsi lorsqu'il y avait pacte commissoire le juge devait, suivant Pothier, sur la demande formée après l'expiration du temps fixé par le contrat, prononcer d'abord la résolution du contrat de vente et permettre au vendeur de rentrer en possession de la chose

---

1. *Traité de la vente*, n° 459.

vendue ; dans le cas où il n'y avait pas de pacte commissoire, le juge devait sur la demande du vendeur, rendre
une première sentence par laquelle il fixait un certain délai
qui était laissé à son arbitrage.

Après l'expiration de ce délai accordé à l'acheteur pour
se libérer, le vendeur non payé devait obtenir une seconde
sentence qni déclarait alors le contrat de vente nul et résolu
et lui permettait ainsi de rentrer en possession de la chose
vendue (1).

Cette distinction n'avait pas été universellement admise,
et les auteurs se montraient aussi indulgents pour l'acheteur soit que la résolution fût expresse, soit qu'elle fût
tacite. Ainsi de Ferrière disait, en parlant du pacte commissoire exprès : « Le juge a même coutume d'accorder
un délai pour exécuter ce qui a été promis, si ce n'est que
la chose ne pût souffrir de retardement, comme si le vendeur manque de délivrer de la marchandise promise pour
le jour d'un embarquement » (2). Bourjon également n'admettait pas la théorie de Pothier ; il reconnaissait toujours
au juge le droit d'accorder un délai, que le contrat de
vente renfermât ou non un pacte commissoire. « En droit
romain, disait-il, le défaut de paiement dans le temps fixé
opère résolution ; mais parmi nous, on accorde un nouveau délai. Je l'ai toujours vu pratiquer ainsi au Châtelet,
usage équitable et préférable à la rigueur du droit romain,

---

1. Traité de la vente, n° 475.
2. Nouvelle introduction à la pratique. V° Clause résolutoire.

qui était peu poiitique » (1). Domat se rangeait aussi à
cette opinion.

A Rome, le vendeur qui avait inséré dans le contrat de
vente un pacte commissoire, pouvait, abandonnant le droit
qu'il tenait de sa convention de faire résoudre le contrat
dans le cas où il n'était pas payé, poursuivre l'acheteur,
s'il le préférait, en paiement du prix, sans qu'il fût jamais
permis à celui-ci d'invoquer la résolution du contrat.

Mais ce choix entre le droit d'user du pacte commissoire
et celui de contraindre l'acheteur au paiement du prix, il
ne l'obtenait qu'à la condition de ne pas avoir encore opté
pour l'un de ces deux partis. Lorsqu'il avait conclu à la
résolution du contrat, le vendeur n'était plus recevable à
demander le prix ; c'était une application des principes
romains : dès qu'il avait déclaré sa volonté, en concluant
à la résolution de la vente, le vendeur avait déduit son
droit en justice, de sorte qu'il n'était plus recevable à
intenter une autre action. Cette règle parfaitement logique
à Rome et dans les pays de droit écrit où l'on suivait les
traditions romaines, fut également admise par la jurispru-
lence coutumière, bien qu'elle exigeât, comme nous
'avons vu plus haut, une sentence pour opérer, au moins
l'une manière irrévocable, la résolution du contrat. Pothier
[ui admettait cette solution peu logique, la justifiait ainsi :

Il est vrai qu'avant la sentence cette résolution du con-
'at n'est pas, dans notre jurisprudence, opérée d'une

____

1. Coutume de Paris. L. 1. T. XIV, chap. IX. no 2.

manière irrévocable, et que l'acheteur est admis jus :u'à la sentence à empêcher l'effet, par des offres de payer le prix ; mais, c'est une pure grâce que notre jurisprudence accorde à l'acheteur, qui ne doit pas être rétorquée contre lui, lorsqu'il ne veut pas s'en servir (1). »

Il ne nous reste plus, avant d'aborder l'étude du droit de résolution tel qu'il a été réglementé par le Code civil, qu'à nous demander quelle était dans l'ancien droit, la nature de l'action en résolution et enfin quels en étaient les effets.

L'action en résolution, disait Pothier, est « personnelle, réelle, et peut être intentée contre les tiers détenteurs : car le vendeur n'ayant aliéné l'héritage qu'aux charges portées par son contrat, en aliénant l'héritage, il l'a affecté à l'exécution des obligations que l'acheteur a contractées envers lui par ce contrat (2). »

Cette action personnelle, réelle était également appelée action mixte. Cette dénomination fort ancienne venait du droit romain. Pothier nous en donne l'explication : « Il y a, dit-il, des actions proprement mixtes, dont la nature participe de celle des actions réelles, et de celle des actions personnelles. On en compte trois : l'action de bornage entre voisins (*finium regundorum*) ; l'action de partage d'une succession entre cohéritiers (*familiæ erciscundæ*), et l'action de partage de quelque autre chose que ce soit (*communi dividundo*). Elles participent de la nature de l'action

<hr>

1. *Traité de la vente*, n° 461, *in fine*.
2. Ibid. n° 464.

réelle ou de revendication, en ce que le voisin réclame et revendique en quelque façon, par cette action, la partie limitrophe de son héritage, qui doit être fixée et déterminée par le bornage ; le co-héritier ou co-propriétaire réclame la portion qui lui appartient dans la succession ou la chose commune qui doit être déterminée par le partage. Elles participent de la nature des actions personnelles, en ce qu'elles naissent d'un engagement personnel ; l'action de bornage naît de l'engagement respectif que le voisinage forme *quasi ex contractu* entre les voisins, qui oblige chacun d'eux à borner leurs héritages, lorsque l'un d'eux le requiert. Les actions de partage naissent de l'engagement que la communauté ou indivision forme entre co-héritiers ou co-propriétaires, qui oblige chacun d'eux à partager la succession ou autre chose qui leur est commun lorsque l'un d'eux le requiert (1). »

Mais ces actions mentionnées par le § 20 des Institutes ainsi expliqué n'étaient pas les seules actions mixtes.

Pothier ajoute : « Il y a d'autres actions qu'on appelle mixtes en un autre sens, lesquelles étant principalement et par leur nature actions personnelles, néanmoins par rapport à quelque chose qui leur est accessoire, tiennent de la nature de l'action réelle. Telle sont les actions qu'on appelle personnelles réelles, ou personnelles *in rem scriptæ*, qui naissent d'une obligation personnelle à l'exécution de laquelle la chose qui en fait l'objet est affectée. On peut

_____

1. *Introduction générale aux coutumes*, § 121.

apporter pour exemple l'action de réméré. Cette action est principalement personnelle, puisqu'elle naît de la clause du contrat de vente et de l'obligation que l'acheteur d'un héritage a contractée envers le vendeur, de lui rendre l'héritage lorsqu'il y voudrait rentrer, en offrant la restitution du prix et des loyaux coûts. Mais comme l'héritage est affecté à l'exécution de cette obligation, n'ayant été aliéné qu'à cette charge, cette action quoique personnelle principalement, tient de la nature des actions réelles, en ce qu'elle suit l'héritage et qu'elle peut se donner contre les tiers détenteurs de l'héritage pour qu'ils le délaissent comme affecté à l'exécution de l'obligation de l'acheteur (1). »

L'action en résolution rentrait, d'après Pothier lui-même, dans cette catégorie d'actions mixtes, car personnelle d'après son point de départ, elle implique cependant une revendicatio .

Cette opinion de Pothier relativement à la nature de l'action en résolution pour défaut de paiement du prix, qui était généralement admise dans notre ancienne jurisprudence, avait trouvé toutefois quelques contradicteurs. Des jurisconsultes repoussaient ce système de mélange des deux caractères personnel et réel dans l'action en résolution pour défaut de paiement du prix. Si l'on considère, disaient-ils, le cas où le vendeur intente son action en réso-

---

1. Introd. gén. aux coutumes, § 122. Dans son traité de la vente, n° 464, Pothier l'appelle « action personnelle réelle » ; et au n° 395, il dit la même chose de l'action en réméré.

lution contre son acheteur direct, l'action est alors purement personnelle, car elle a sa base dans le contrat de
vente. Si ensuite, on examine le cas où le vendeur agit
contre les tiers, l'action en résolution sera purement personnelle, si le sous-aquéreur a été chargé par son contrat
de payer le prix au vendeur originaire, car il devient
l'obligé personnel du vendeur; uniquement réelle si le
sous-acquéreur n'a pas été chargé par son contrat de
payer le prix, car n'ayant pas contracté avec le vendeur,
il n'est à l'égard de ce dernier qu'un tiers détenteur
actionné à cause de la possession de la chose.

Mais cette opinion n'avait pas prévalu et la pratique
d'accord avec la doctrine de presque tous les auteurs
décidait que l'action en résolution était à la fois et personnelle et réelle ; de sorte que le vendeur pouvait agir non-
seulement devant le tribunal du domicile de l'acheteur,
comme dans une action purement personnelle, mais même
devant le tribunal de la situation de l'immeuble.

Quant aux effets de la résolution, les jurisconsultes ap-
pliquant le principe de la rétroactivité, décidaient, que le
contrat était anéanti dans le présent et l'avenir. Il en résultait que l'acheteur devait rendre avec la chose, les fruits
qu'il avait perçus, car, n'ayant pas payé le prix, il ne pouvait retenir les fruits et jouir à la fois de la chose et du prix.
Toutefois si l'acheteur avait payé une partie du prix, il
n'était tenu de rendre les fruits au vendeur, qu'à propor-
tion de ce qui lui restait à payer.

L'acheteur enfin devait tenir compte de toutes les détériorations survenues par sa faute dans la chose vendue. Le vendeur de son côté était obligé de rembourser à l'acheteur les impenses nécessaires faites sur la chose vendue, et les impenses utiles jusqu'à concurrence de la plus-value.

Les frais du contrat restaient à la charge de l'acheteur qui perdait également la somme qu'il avait pu fournir au vendeur sous forme d'arrhes. On considérait que le vendeur, ayant stipulé la résolution du contrat faute de paiement et s'étant fait donner à titre d'arrhes une somme d'argent, avait entendu se réserver des dommages et intérêts résultant de l'inexécution du contrat, en les fixant à la somme réclamée à titre d'arrhes (1). Enfin conformément à la maxime *resoluto jure dantis resolvitur jus accipientis*, tous les droits réels consentis par l'acheteur depuis la vente jusqu'à la résolution, s'éteignaient avec la vente. « Les hypothèques du chef de l'acquéreur, dit Bourjon, sont toutes effacées, ses créanciers ne pouvant avoir plus de droits que lui. »

Le vendeur en dernier lieu, étant considéré comme n'ayant jamais cessé d'être propriétaire, la résolution avait encore pour effet de valider tous les droits qu'il avait, avant la résolution, consentis à des tiers.

Le droit intermédiaire n'introduisit aucune réforme en matière de résolution. Mais la loi du 11 brumaire an VII qui proclama le principe nouveau de la publicité des droits réels, comme base du crédit, a exercé une certaine in-

1. Pothier. *op. cit.* n° 471.

fluence sur l'action résolutoire. Cette influence bienfaisante ne s'est produite pratiquement et législativement, peut-on dire, que sous l'empire de la loi du 23 mars 1855 qui a rétabli dans une certaine mesure la loi de brumaire en étendant son champ d'application à certains droits nouveaux, notamment au droit de résolution (art. 7).

L'action en résolution produisant son effet à l'égard des tiers, avait de graves inconvénients ; elle était un obstacle au crédit. Désormais cet obstacle n'existe plus, grâce à la publicité dont la loi nouvelle l'a entourée.

DROIT CIVIL ACTUEL

INTRODUCTION

Le Code civil, tout en admettant, en principe, les règles de la vente que nous avons étudiées dans notre ancien droit, a néanmoins apporté à notre matière quelques modifications.

Désormais il n'y a plus à distinguer dans la vente, selon que le vendeur a suivi ou non la foi de l'acheteur. La translation de la propriété à l'acheteur de la chose vendue, n'est plus subordonnée dans aucun cas, au paiement du prix. Il n'est même plus nécessaire que la tradition ait été effectuée par le vendeur pour que l'acheteur devienne propriétaire : la translation de propriété s'opère dès qu'il y a consentement (art. 1583, C. civ.). C'est une application à la vente du principe proclamé par l'article 1138 du Code civil.

Il en résulte que sous l'empire de la législation nouvelle, le vendeur n'a plus comme dans l'ancien droit, l'action en revendication tant que le prix ne lui a pas été payé, bien qu'il n'ait pas suivi la foi de l'acheteur. C'est là, à notre avis, une heureuse innovation. En effet, ce n'est pas dans l'hypothèse d'une vente au comptant que le vendeur a surtout besoin d'être protégé par la loi, car le contrat en ce cas, le protége suffisamment puisqu'en vertu de son droit de rétention, il peut refuser de livrer la chose vendue jusqu'à ce que l'acheteur soit prêt à lui payer son prix (art. 1612 c. civ.). S'il livre avant le paiement il commet une imprudence dont il doit subir les conséquences.

Au contraire celui qui a vendu à terme ne peut s'empêcher de livrer (art. 1612, C. civ.). Si à l'échéance, l'acheteur refuse de payer le prix, il est donc nécessaire que le vendeur soit énergiquement protégé contre l'insolvabilité de son débiteur ; aussi, le législateur moderne a-t-il entouré le contrat de vente, qui a un rôle si important, au point de vue économique, de garanties spéciales très solides. C'est ainsi qu'il reconnaît au vendeur non payé, outre le droit de gage général qu'il a comme tout créancier sur les biens de son débiteur (art 2093, C. civ.), un privilège qui le prémunit contre l'insolvabilité éventuelle de l'acheteur (art. 2102 et 2103, C. civ.). De plus il a consacré au titre *des obligations*, dans l'article 1184 du Code civil, une règle générale, déjà admise dans notre ancien droit, d'une très grande importance et qui est ainsi formulée : « La condition résolutoire est toujours sous-entendue dans les contrats synallagmatiques, pour le cas où l'une des deux parties ne satisfera point à son engagement. »

Il y avait de puissants motifs pour appliquer au plus

important et au plus usuel des contrats synallagmatiques, à la vente, le principe de l'article 1184. Cette application est consacrée dans l'article 1654 de notre Code civil : « Si l'acheteur ne paie pas le prix, le vendeur peut demander la résolution de la vente. »

Ainsi le législateur moderne a donc adopté sur ce point, l'idée qui avait prévalu dans notre ancien droit : la *lex commissoria* est sous-entendue dans le contrat de vente. Toutefois la stipulation expresse du droit de résolution conserve, même dans ce nouveau système, une certaine utilité, ainsi qu'on le verra par la suite. Ajoutons que le droit de résolution est passé dans le Code avec les tempéraments d'équité que nos anciens jurisconsultes y avaient apportés. Ainsi, par exemple, la résolution ne s'opère pas de plein droit, qu'elle soit stipulée ou non dans le contrat (art. 1184 et 1655, C. civ.).

On voit par ce rapide exposé, que le vendeur, malgré le principe nouveau en vertu duquel l'acheteur devient propriétaire de la chose vendue au moment même de la vente, conserve sous l'empire de la législation actuelle des garanties assez efficaces pour lui assurer d'une façon à peu près certaine, que la chose mise dans le patrimoine de l'acheteur, ne pourra servir de gage aux autres créanciers qu'après le paiement du prix de vente. La légitimité de cette protection toute particulière accordée au vendeur non payé, a été reconnue par toutes les législations. L'intérêt de la société exige d'ailleurs que ce contrat si important au point de vue économique, puisqu'il contribue par l'échange des biens, au développement de la richesse générale et du bien-être social, soit entouré de garanties assez énergiques pour en assurer son exécution.

Le cadre restreint de cette étude ne nous permet pas de passer en revue les différentes garanties que nous venons d'énumérer ; nous nous bornerons à étudier le droit de résolution. Toutefois nous aurons souvent l'occasion, dans nos développements ultérieurs, de faire allusion au privilège. Disons dès maintenant que cette dernière garantie, si précieuse pour le vendeur, avait déjà, sous l'empire du Code, un grand avantage sur le droit de résolution. Comme le droit de résolution, le privilège produisait son effet à l'encontre des tiers ; et, ceux-ci ne pouvaient se plaindre de ce résultat, puisque le droit du vendeur était soumis à la publicité (art. 2108, C. civ.). Par ce moyen, on le voit, tout était concilié : l'intérêt du vendeur et celui des tiers. Aussi le privilège du vendeur a-t-il été peu attaqué de nos jours. Il a été maintenu dans les législations étrangères, notamment en Belgique et en Italie, bien que les législations de ces pays aient été soumises, récemment, à une révision sérieuse. Il n'en a pas été de même de l'action en résolution. Celle-ci, en effet, pouvait être exercée pendant trente ans, sans que les tiers contre lesquels elle pouvait réfléchir, fussent avertis de son existence, et par suite, sans qu'ils eussent le moyen de se prémunir contre les conséquences désastreuses de ce droit du vendeur. Dans ces conditions, l'action en résolution était une atteinte grave portée au crédit public ; aussi pour remédier à cet incon-

vénient, certains esprits, trop absolus selon nous, n'hési-
taient-ils pas à demander la suppression de ce droit de
résolution. On faisait, en outre, remarquer que le droit de
résolution, en laissant de côté la question de publicité, était
plus grave ou plutôt plus onéreux pour les autres créanciers
de l'acquéreur. En vertu de son privilège, le vendeur prime
les autres créanciers, mais seulement jusqu'à concurrence
du prix de vente ; grâce à son droit de résolution, le
vendeur peut bénéficier des augmentations fortuites de
valeur. Pour éviter ce préjudice, les créanciers du débiteur
se trouvent dans la nécessité de désintéresser intégralement
le vendeur.

A notre avis, le principe consacré par les articles 1184
et 1654 du Code civil est équitable au point de vue économique, puisqu'il a pour effet de faciliter la transmission des
biens, en assurant le droit du vendeur au paiement du
prix. Si l'action en résolutiou avait des inconvénients vis-à-
vis des tiers, il fallait au plus vite les faire disparaître pour
consolider le crédit. Il n'était point nécessaire pour cela
de faire disparaître cette garantie du vendeur. Ce problème
a été résolu récemment par plusieurs dispositions législa-
tives. Nous verrons plus loin comment le législateur a heu-
reusement concilié l'intérêt du vendeur et celui des tiers.

Ces notions générales, nécessaires pour l'intelligence de
notre sujet, vont nous permettre maintenant d'aborder
l'étude du droit de résolution tel qu'il a été réglementé par
le législateur moderne.

CHAPITRE I

DES CONDITIONS DE L'EXERCICE DE L'ACTION EN RÉSOLUTION
DE LA VENTE POUR DÉFAUT DE PAIEMENT DU PRIX.

Nous examinerons dans ce chapitre quels sont les cas où l'acheteur doit être réputé n'avoir point payé son prix, et à quelles ventes s'applique l'article 1654.

§ 1. — *Cas dans lesquels l'acheteur est considéré comme n'ayant point payé son prix.*

D'après l'article 1654 du Code civil, le vendeur peut demander la résolution de la vente, si l'acheteur ne paie pas le prix. Il en résulte que ce droit lui appartient, quelque minime que soit la portion du prix encore due, et la résolution a lieu, dans tous les cas, non pas pour une portion de la chose correspondant à la partie du prix non payée, mais pour la totalité, car, tant que l'acheteur ne paie pas tout le prix, il manque à l'obligation principale que lui impose le contrat de vente (art. 1184).

Le vendeur est même autorisé à demander la résolution de la vente lorsque l'acheteur ne paie pas les accessoires du prix, les intérêts, par exemple. Toutefois si le vendeur avait accordé à l'acheteur, un délai pour se libérer avec stipulation d'intérêts jusqu'au jour du paiement, il ne pourrait demander la résolution pour défaut de paiement des intérêts, qu'à partir du moment où le capital serait devenu exigible.

De même, selon nous, le vendeur qui a fait l'avance des frais et loyaux coûts du contrat, peut, s'il n'est pas remboursé, demander la résolution de la vente. Vainement, dira-t-on, que ces frais ne constituent pas un élément du prix, et que le vendeur, en faisant cette avance, a simplement agi en qualité de prêteur ordinaire. Ces frais sont des accessoires du prix, car le prix c'est tout ce qu'il en coûte à l'acheteur pour avoir la chose. C'est dans le contrat de vente, d'ailleurs, que le vendeur puise le droit de demander le remboursement de ces frais et loyaux coûts qu'il a avancés. C'est le contrat de vente également qui oblige l'acheteur à les payer. Du reste, la résolution du contrat pour défaut de paiement de ces frais, a lieu par la faute de l'acheteur qui n'a pas rempli ses obligations : c'est donc sur lui que doit retomber la perte de tout ce qu'il en a coûté pour l'acquisition ; le vendeur n'en doit point souffrir (1).

Ce droit de résolution appartient au vendeur non payé, alors même que le prix consiste en une rente perpétuelle, établie par le contrat de vente ; et peu importe que cette

1. Pothier, vente, 470. — Troplong, vente, t. II, n°.

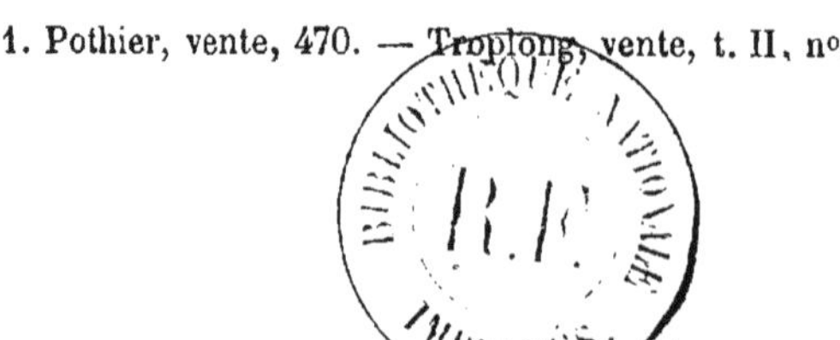

rente ait été stipulée directement ou après indication d'un prix déterminé en capital, car il n'y a dans ce cas qu'une simple modification de la dette quant au mode de paiement et non pas une novation par changement d'objet (1). Le vendeur, dans ce cas, n'aura pas besoin d'attendre que les arrérages n'aient pas été payés pendant deux ans, car il s'agit ici de la résolution de la vente et non pas du rachat de la rente, hypothèse que prévoit l'article 1912, du Code civil.

Mais si le prix consistant primitivement eu un capital exigible, avait été, postérieurement à la vente, converti en une vente perpétuelle, sans réserve de l'action en résolution, le vendeur aurait-il, comme dans le cas précédent, le droit de demander la résolution de la vente pour défaut de paiement des arrérages ?

Bornons-nous, pour le moment, à poser la question. Nous aurons à la résoudre plus tard, quand nous examinerons les fins de non recevoir opposables au vendeur non payé qui demande la résolution de la vente.

Si le prix de vente consistait en une rente viagère, même stipulée par le contrat de vente, il faut décider, conformément à l'article 1978 du Code civil, que le seul défaut de paiement des arrérages de la rente, sans qu'il y ait à distinguer entre le simple retard dans le paiement des arrérages, et l'impossibilité absolue de servir la rente (2), n'autorise

---

1. Troplong. Vente, II, 649, Aubry et Rau, IV, § 356, texte 24. Laurent, XXIV, 340.
2. Civ. Cass. 18 déc. 1822. Sir. 23, 1, 220.

pas le vendeur à demander la résolution du contrat. Cette
dérogation à l'article 1184 se justifie par la nature essen--
tiellement aléatoire du contrat de rente viagère. Dès que la
rente a existé, les choses ne sont plus entières, et il est impossible de les ramener au même état qu'auparavant. En
effet, la valeur des rentes viagères diminue à mesure que
celui sur la tête de qui la rente est constituée, devient plus
âgé ou plus infirme ; comment pourrait-on dès lors régler
équitablement les droits des parties, si le défaut de paiement
des arrérages autorisait le vendeur, en faveur de qui la
rente à été constituée, à demander la résolution du contrat ? D'ailleurs, si le vendeur pouvait faire résoudre le contrat pour défaut de paiement des arrérages, ce droit aurait
pour effet de causer, le plus souvent, un préjudice grave à
l'acheteur en lui enlevant, malgré les paiements d'arrérages qu'il aurait pu avoir faits jusque là, toutes les chances
de gains sur lesquelles il a pu compter.

L'application de l'article 1978 peut toutefois être écartée
par un pacte commissoire. Cela a été formellement reconnu
dans la discussion au conseil d'État (1). Cette clause n'est
pas contraire à l'essence du contrat de rente viagère ; l'article 1977 qui autorise le crédi-rentier à provoquer la résiliation du contrat, si le constituant ne lui donne pas les
sûretés stipulées pour son exécution, le prouve bien (2).

1. Locré, XV, p. 149 et 156.
2. Aubry et Rau IV, § 356, texte 26. Troplong vente, II, 648.

§ 2. — *A quelles ventes s'applique l'article 1654.*

Le droit de provoquer la résolution de la vente, pour défaut de paiement du prix, existe dans les ventes de choses mobilières comme dans les ventes d'immeubles. L'article 1654 semble formel à cet égard ; il ne fait aucune distinction : « Si l'acheteur ne paie pas le prix, le vendeur peut demander la résolution de la vente. » La généralité de ses termes, sa connexité avec l'article 1184, qui est plus général encore, établissent nettement, croyons-nous avec la majorité des auteurs et la jurisprudence, qu'il n'y a pas à distinguer (1). On a cependant enseigné que l'article 1654 ne s'applique qu'aux ventes d'immeubles (2).

On s'est appuyé, pour soutenir cette opinion, sur les articles 1655 et 1656 qui, dit-on, supposent uniquement une vente immobilière, bien qu'ils ne soient que le développement de l'article 1654. L'article 1657, ajoute-t-on, prouve bien que l'article 1654 n'est pas général, puisqu'il admet pour les ventes de denrées et effets mobiliers, une seule cause de résolution : le défaut de retirement.

---

1. Colmet de Santerre VII, 99 *bis.* — Aubry et Rau IV, § 356, texte et note 28. — Laurent, XXIV, 336. — Demolombe, traité des contrats, II, 502. — Troplong, vente, II, 645. — Paris, 11 novembre 1837 et Rouen 29 novembre, même année Sir. 38, 2, 97.

2. Delvincourt, III, p. 157, n° 5. — Duranton XVI, 385.

Ces arguments en présence des termes formels de l'article 1654 dont la généralité ne compo rte point de distinc tion, ne nous paraissent point concluants. On a encore invoqué, dans ce système que nous repoussons, l'article 2102-4°, qui aurait organisé, dit-on, une sorte de résolution particulière aux ventes mobilières.

Ce texte accorde au vendeur d'effets mobiliers sous les conditions qu'il détermine, le droit de revendiquer les meubles ; or, disent nos adversaires, cette action en revendication suppose qu'il a conservé la propriété ; elle exclut donc l'action en résolution qui fait présumer, au contraire, qu'il l'a perdue.

Cet argument, à notre avis, est loin d'être irrésistible. Pour le démontrer, il est nécessaire de déterminer exactement le sens et la portée de l'article 2102-4°.

Trois explications différentes ont été données de ce droit de revendication dont parle l'article 2102-4° Deux. de ces explications tendent au même but en admettant que le droit de revendication accordé au vendeur de meubles non payé, implique une résolution de la vente. On prend le mot de revendication dans son sens technique. La troisième part d'un point de vue différent. Elle considère ce droit de revendication comme un droit indépendant et distinct du droit de résolution. Dans cette opinion, le vendeur n'exerce pas la revendication comme propriétaire ; il revendique *jure pignoris* et non pas *jure dominii*.

Examinons maintenant quels sont les arguments que l'on invoque dans ces différents systèmes.

D'après une première opinion, le droit de revendication ne serait en réalité que le droit de résolution soumis seulement à certaines restrictions, lorsqu'il doit s'exercer à l'encontre des créanciers de l'acheteur. Le vendeur, dans ce système, tant qu'il se trouve en face de son acheteur, jouit pleinement du droit de résolution accordé par l'article 1654. Mais les choses changent d'aspect, lorsqu'il exerce son droit de résolution à l'encontre des créanciers de l'acheteur en déconfiture. La loi alors ne lui accorde le droit de résolution qu'autant qu'il se trouve dans les conditions de l'article 2102.

On le voit, la loi, loin d'accorder dans cet article, un droit nouveau au vendeur, viendrait restreindre, à son préjudice, le droit de résolution que lui accorde l'article 1654.

Cette opinion peut invoquer, avec une certaine force, plusieurs dispositions du Code de commerce. Aux termes de l'article 550 du Code de commerce, dernier alinéa, le vendeur de meubles, en cas de faillite, se trouve déchu du droit de revendication de l'article 2102. Ce n'est que par exception et sous des conditions très-rigoureuses que l'article 576 du Code de commerce lui accorde le droit de revendication. Or, dans les cas où la loi commerciale accorde au vendeur, par exception, la revendication, il est certain que ce que la loi appelle droit de revendication, c'est le droit de résolution.

L'article 576 le prouve, car il décide que le vendeur revendiquant « sera tenu de rembourser à la masse les à-compte par lui reçus... » C'est donc que la vente est résolue ; et par suite on peut dire qu'en matière commerciale, le droit de résolution n'existe pas là où le droit de revendication n'existe pas non plus. Le droit de revendication, en un mot, n'est donc que le droit de résolution restreint à l'égard de la masse des créanciers. Or, le mot revendication, en présence du renvoi de l'article 2102-4° au Code de commerce ne peut avoir deux sens différents, et par suite, en matière civile comme en matière commerciale, l'expression *revendication* ne peut pas indiquer autre chose que le droit de revendication proprement dit (1).

Dans un second système, on dit que le droit de revendication de l'article 2102-4° n'est pas autre chose que le droit de résolution simplifié. Suivant le droit commun (art. 1184 et 1654) le vendeur qui demande la résolution de la vente doit s'adresser à la justice. Le juge saisi de cette demande peut même accorder, à l'acheteur, un délai pour payer. Or, on veut ici éviter ces lenteurs et permettre au vendeur de procéder par la voie expéditive de la saisie-revendication (2).

Ces deux systèmes que nous venons d'exposer, ne nous paraissent pas admissibles. Écartons d'abord celui qui ne voit dans la revendication de l'article 2102-4° que le droit de résolution simplifié. On ne s'explique pas en effet, pour quel motif la loi se serait écartée des règles générales posées dans les articles 1184 et 1654. Cette explication, en outre, ne rend aucun compte des conditions exigées par la loi

1. Duranton XVI, 204 et 380, — Bravard, art 576, C. com.
2. Troplong, Priv. 198.

pour que le vendeur de meubles non payé puisse revendiquer. Enfin comment le vendeur peut-il revendiquer, puisqu'il n'est pas propriétaire? M. Troplong répond, il est vrai, que le législateur a dérogé ici aux articles 1138 et 1583, et qu'il a maintenu l'ancien principe suivant lequel le vendeur restait propriétaire jusqu'au paiement du prix. Mais quel est le motif de cette dérogation?

L'explication de ce droit de revendication que nous donne M. Duranton, doit être également rejetée selon nous. La distinction que le savant auteur établit entre le cas où le vendeur non payé se trouve en présence de l'acheteur et celui où il se trouve en présence des créanciers de ce dernier, nous paraît tout à fait arbitraire. Le texte même de l'article 2102 est contraire à cette doctrine : « Si la vente a été faite sans terme, le vendeur peut *même* revendiquer..... » Cette formule ne prouve-t-elle pas en effet, que la loi à voulu accorder au vendeur un droit nouveau ? S'il s'agissait d'une restriction apportée au droit de résolution du vendeur, cette formule ne serait-elle pas au moins bizarre ? D'ailleurs, la loi a traité du droit de résolution dans un chapitre spécial, il nous paraît donc peu probable que le législateur ait cru devoir insister ici sur ce droit de résolution. En second lieu, ce système comme le précédent ne rend pas compte des conditions que la loi a mises ici à l'exercice du droit de revendication. Pourquoi distinguer, en effet, s'il y a terme ou non? Pourquoi cette prescription si rapide ? Enfin quelle utilité y a-t-il pour la masse des créanciers, à soumettre à tant de restrictions le droit de

résolution du vendeur puisque celui-ci n'est pas désarmé ?
Le vendeur n'a-t-il pas toujours son privilège ? On comprend très bien que ce droit de revendication ne soit en
droit commercial, que le droit de résolution exercé à l'encontre de la masse des créanciers ; on comprend que le
droit de résolution ne soit pas, en principe, accordé contre
la masse des créanciers, parce que le vendeur, quand il
n'est pas dans les conditions exigées pour pouvoir faire
résoudre la vente, ne peut pas non plus invoquer un privilège (art. 550, C. com.). Mais en droit civil, le privilège
s'exerce, et cela ne nous paraît pas douteux, aussi bien
quand la vente est à terme que quand elle est sans terme,
et il n'est pas perdu par l'expiration du délai de huit
jours.

Pour nous, l'article 2102-4° est complètement étranger à l'action en résolution, et le droit de revendication
qu'il accorde, sous certaines conditions, au vendeur de
meubles non payé, est un droit à part qui n'implique pas
la résolution de la vente ; aussi, la déchéance du droit de
revendication n'entraîne pas, à notre avis, la déchéance du
droit de résolution que le droit commun accorde au vendeur non payé.

Nous suivrons donc le troisième système, suivant lequel
le droit de revendication accordé au vendeur est indépendant de la résolution de la vente.

Dans ce système, le droit de revendication est le droit
qui appartient au vendeur de ressaisir, sans faire prononn-
ser la résolution de la vente, la possession de la chose

vendue, afin de se replacer dans la situation dans laquelle il était avant d'avoir livré. Cette situation, en supposant la vente faite sans terme, est celle qui lui permet d'exercer son droit de rétention, conformément à l'article 1612 du code civil. Le vendeur, en un mot, revendique *jure pigno-ris* et non *jure dominii*.

L'article 2102-4°, en effet, n'est que la reproduction des coutumes de Paris et d'Orléans (1). Ces dispositions des coutumes procédaient du droit romain (2), et en droit romain, la propriété de la chose vendue ne passait pas à l'acheteur, par le seul fait de la tradition de la chose; il fallait de plus, si le vendeur n'avait pas suivi la foi de l'acheteur, en lui accordant un terme pour le paiement ou en acceptant un *expromissor*, que celui-ci eût payé le prix. Le vendeur qui avait fait tradition, conservait par conséquent, lorsque la vente avait été faite sans terme, le droit de revendiquer à titre de propriétaire, la chose vendue, si l'acheteur ne lui payait pas le prix de vente, mais sans que le contrat fût résolu, car il n'y avait pas résolution pour défaut de paiement du prix, à moins d'insertion dans le contrat d'une *lex commissoria*. Ce sont ces principes qui passèrent dans notre ancienne jurisprudence; aussi, Pothier, en commentant l'article 458 de la coutume d'Orléans, fait remarquer que dans ce cas le contrat de vente n'est pas résolu. L'article 176 de la coutume de

1. V. art. 176 de la coutume de Paris et art. 458 de la coutume d'Orléans.

2. § 41, tit. 1. Liv. 2, Instit.

Paris le dit d'ailleurs formellement : « qui vend aucune chose mobiliaire sans jour, et sans terme, espérant estre payé promptement, il peut sa chose poursuir en quelque lieu qu'elle soit transportée, *pour estre payé du prix qu'il l'a vendue.* »

Dumoulin est également très explicite. Le vendeur non payé qui n'a pas suivi la foi de l'acheteur a la revendication « pour recouvrer, dit-il, la chose et en demeurer saisi jusqu'à ce que il soit payé (1). » Il est donc certain que la revendication laissait subsister la vente. Aujourd'hui la revendication doit produire le même résultat. Son but est de remettre le vendeur en possession de la chose qu'il a imprudemment livrée, pour lui permettre d'invoquer l'article 1612, c'est-à-dire de bénéficier de son droit de rétention, afin de hâter le paiement du prix. Faisons observer toutefois que dans l'ancien droit, le vendeur restait propriétaire jusqu'au paiement du prix ; il pouvait donc revendiquer *jure dominii*, tandis qu'aujourd'hui par suite d'une interprétation tacite de la volonté des parties (art. 1138 et 1583 du Code civil), le vendeur cessant d'être propriétaire par le seul fait de la vente, ne revendique plus que *jure pignoris*. Ce qui prouve que l'article 2102 doit être ainsi entendu, c'est que les conditions auxquelles est subordonné le droit de revendication, sont textuellement empruntées, soit aux textes des coutumes, soit aux commentaires de Pothier (art. 458 de la coutume d'Orléans) et qu'elles ne

1. Sur l'ancienne coutume de Paris, art. 194.

s'expliquent qu'en donnant au droit de revendication, le but que lui assignait déjà Pothier. Ces conditions ne se comprennent que dans notre système, il faut :

1° Que la vente soit faite sans terme, parce qu'en principe, le droit de rétention n'existe au profit du vendeur, que dans les ventes au comptant ;

2° Que la revendication s'exerce dans la huitaine, parce qu'un trop long retard impliquerait, chez le vendeur, la concession d'un terme tacite et par suite l'abdication du droit de rétention ;

3° Que la chose soit dans le même état, parce que *res extinctæ, vindicari, non possunt* ;

4° Que la chose vendue soit en la possession de l'acheteur, car d'après les termes de l'article 2279, la revendication alors même qu'elle a pour base le droit de propriété, ne se donne point en matière de meubles contre les tiers-acquéreurs de bonne foi (1).

Concluons donc que l'argument que nos adversaires tirent de l'article |2102-4°, pour soutenir que l'article 1654 ne s'applique pas aux ventes de meubles, ne prouve rien, puisque le mot de revendication a été employé, comme nous croyons l'avoir démontré, pour caractériser autre chose qu'une action fondée sur un droit de propriété et que, par conséquent, la revendication dont il

---

1. Ce système a été exposé pour la première fois, dans un concours, par notre savant professeur M. Vuatrin. Il est généralement suivi Valette, Priv. et hypoth. 1, 90. Colmet de Santerre IX, 33 bis, II, III, Demol. XXV 502, M. Bufnoir à son cours.

est question, n'est pas exclusive du droit de résolution.

La disposition de l'article 1654 s'applique également aux ventes de créances et aux ventes commerciales (1). Nous aurons, à propos de ces dernières ventes, à nous demander dans le cours de ce travail, quel est l'effet de la faillite sur ce droit de résolution qui appartient au vendeur non payé.

Quant aux ventes judiciaires, il faut faire des distinctions.

S'agit-il d'une vente sur expropriation forcée, l'action en résolution pour défaut de paiement du prix, dont parle l'article 1654, n'est pas admise. La loi a, pour ce cas, organisé une sorte de résolution spéciale, la revente sur folle enchère, dont nous nous occuperons, pour ne pas encombrer ce chapitre, à la fin de ce travail (2).

S'agit-il d'une vente judiciaire volontaire (vente de biens appartenant à des mineurs ou à des interdits, à une femme dotale, ou dépendant d'une succession vacante ou acceptée sous bénéfice d'inventaire), la loi autorise les intéressés, lorsque l'adjudicataire ne paie pas le prix, à recourir à la voie de la folle enchère comme dans le cas précédent ; mais ce droit n'exclut pas toutefois la possibilité de recourir, s'ils le préfèrent, à l'action en résolution pour défaut de paiement du prix.

Le droit de résolution existe encore dans le cas d'une adjudication sur licitation, lorsque l'adjudicataire est un

1. Pardessus. *Cours de dr. comm.* II, 289 et IV, 1288. — Boistel. *Précis de dr. comm.* page 304. — Troplong. *Vente*, II, 655. — Aubry et Rau, IV, § 356, texte 29.

2. V. Appendice.

étranger, puisque cette opération est alors une véritable vente. Il est au contraire, de jurisprudence constante qu'il n'y a pas lieu à résolution, lorsque l'adjudicataire, qui ne paie pas le prix, est l'un des copropriétaires.

C'est là une conséquence du principe que l'adjudication, dans cette hypothèse, n'est pas translative de propriété. L'opération, en effet, n'est pas une vente, mais un simple partage. Toutefois, on pourrait décider par une clause expresse de la licitation, qu'il y aurait lieu, même dans cette dernière hypothèse, à résolution pour le cas où le prix ne serait pas payé. Cette clause, à notre avis, serait parfaitement valable. Telle est également la décision de la jurisprudence (1).

Pour contester la validité de cette clause, il faudrait aller jusqu'à prétendre que la volonté des co-partageants ne peut pas rendre le partage conditionnel. Or, rien, dans la loi, n'empêche les parties de mettre au partage une condition, lorsqu'elle n'est pas contraire aux lois ou aux bonnes mœurs.

1. Janvier. Dalloz, 1846.

CHAPITRE II

On a vu dans le chapitre précédent dans quels cas il y avait lieu à résolution. Ce droit s'ouvre toutes les fois que l'acheteur n'a pas exécuté ses obligations.

Toutefois il ne faudrait pas croire que le vendeur puisse invoquer les principes qui régissent la condition résolutoire expresse. Le droit de résolution du vendeur est, sur certains points, réglé par des textes spéciaux que nous allons étudier. Bornons-nous avant d'aborder ce sujet, à rappeler deux idées qui, à notre avis, caractérisent bien le droit de résolution :

1° Le droit de résolution est une garantie établie exclusivement dans l'intérêt du vendeur. C'est ce que l'historique de la question nous a démontré ; 2° ce droit ne constitue pas une condition ordinaire. En d'autres termes, l'événement auquel la résolution est subordonnée (l'inexécution des obligations) survenant, le contrat n'est point pour cela résolu *ipso facto* ; il faut encore que le vendeur veuille user de son droit. C'est dire que la condition est potestative de la part du vendeur qui reste libre d'en poursuivre les effets.

Voyons maintenant comment s'opère la résolution. Nous devons tout d'abord distinguer le cas où la résolution de la vente a lieu en vertu de la condition résolutoire tacite, que l'article 1184 sous-entend dans tous les contrats synallagmatiques et même, selon nous, dans tous les contrats unilatéraux, et le cas où la résolution a lieu en vertu d'un pacte commissoire. Cette distinction est nécessaire, car les règles varient suivant qu'on se trouve en présence de l'un ou de l'autre de ces deux cas.

Premier cas. — Résolution tacite.

La résolution a lieu en vertu de la condition résolutoire tacite ; les parties, en un mot, n'ont inséré au contrat, aucune clause relative au droit de résolution.

D'après l'article 1184 et sans avoir à distinguer si les parties ont fixé un terme ou non pour le paiement, la résolution de la vente pour défaut de paiement du prix, ne peut résulter que d'un jugement qui la prononce.

Le vendeur non payé qui veut obtenir la résolution de la vente, doit d'abord mettre l'acheteur en demeure de payer le prix, conformément à l'article 1139 ; et, si cette mise en demeure reste infructueuse, il doit s'adresser à la justice pour faire prononcer la résolution du contrat.

L'instance introduite, le juge saisi par la demande en résolution peut prendre deux partis différents : ou bien prononcer purement et simplement la résolution du contrat et dans ce cas l'acheteur ne pourra plus échapper à la résiliation du contrat, en payant son prix ; ou bien surseoir à la résolution et accorder, conformément à l'article 1184 du Code civil, à l'acheteur digne d'intérêt, un délai pour se libérer toutes les fois que le vendeur ne sera pas en danger de perdre à la fois et la chose et le prix (art. 1655, 1er alinéa). Dans cette hypothèse, le tribunal prononcera la résolution puisque l'acheteur n'a point exécuté son obligation dans le délai fixé par le jugement (1). On évitera ainsi de recourir, comme cela se pratiquait dans notre ancienne jurisprudence, à une double instance. Mais tant que le jugement prononçant la résolution n'a pas été rendu, ou bien même si il a été rendu et qu'il soit l'objet d'une instance d'appel, jusqu'à ce que les juges du second degré aient statué, l'acheteur peut toujours se soustraire à la résiliation de la vente, en payant son prix. Car bien que la résolution découle de la volonté présumée des parties, elle ne se réalise que par la sentence des juges (2).

Telles sont les règles pour les ventes d'immeubles. Mais en est-il de même pour les ventes mobilières ?

Nous le croyons, car le droit du juge d'accorder un délai au débiteur, est établi par l'article 1184 qui est général, et l'article 1655 que nous venons d'étudier, n'en est qu'une application.

On objecte, il est vrai, que l'article 1655 ne parle spé-

1. Demol. Contrat. II, 514.
2. Demol. Contrat. II. 514.

cialement que des ventes d'immeubles et cela à dessein,
car, dit-on, entre ces ventes et les ventes de meubles, il y
a cette différence que dans celles-ci, le vendeur étant toujours en danger de perdre et la chose et le prix, soit à
cause de la facilité qu'a l'acheteur de disposer de la chose,
soit à cause des variations rapides et fréquentes dans les
prix des choses mobilières, il ne peut pas y avoir lieu d'accorder des délais pour le paiement du prix. Mais cette objection ne peut pas nous arrêter. Si le législateur ne prévoit spécialement dans cet article que le cas d'une vente
immobilière, c'est que dans la plupart des cas, la distinction qu'il établit ne trouvera son application qu'en matière
de ventes d'immeubles. En effet, le danger de perdre la
chose et le prix se présentera presque toujours pour le
vendeur de meubles, à cause de la facilité qu'a l'acheteur
de revendre la chose, ce qui met, presque toujours, le vendeur dans l'impossibilité de la revendiquer, mais cela n'empêche pas qu'en droit, le juge puisse accorder à l'acheteur
un délai pour se libérer, si le vendeur ne risque pas de
perdre et la chose et le prix. La loi, comme on le voit, a
statué *de eo quod plerumque fit* (1).

DEUXIÈME CAS. — *Résolution expresse (pacte commissoire)*

La clause par laquelle les parties ont réglé elles-mêmes,
dans le contrat de vente, la manière dont le contrat devra

---

1. Aubry et Rau, IV, § 356, note 31. — Laurent, XXIV, 341. — V. en
sens contraire Troplong. *Vente* II, 665.

être résolu, dans le cas où l'acheteur ne paierait pas son prix, peut revêtir des formes différentes qu'il importe de distinguer.

Les parties ont pu convenir dans leur contrat que la vente serait résolue pour défaut de paiement du prix au terme convenu, ou bien que la vente serait résolue de plein droit, faute de paiement à l'époque fixée, ou bien encore que la vente serait résolue de plein droit, à l'expiration du terme fixé et sans qu'il soit besoin de sommation.

Reprenons successivement ces différentes hypothèses.

Première hypothèse. — Les parties conviennent purement et simplement que la vente sera résolue, à défaut de paiement du prix, au terme convenu.

Cette clause produit-elle un effet différent de celui qui résulte du pacte tacite que nous venons d'étudier ? Doit-on assimiler cette résolution à celle qui a lieu en vertu d'une condition résolutoire ordinaire ? Il faut répondre, croyons-nous, avec la grande majorité des auteurs, que cette convention n'est autre chose que l'insertion dans le contrat de vente, d'une clause que la loi aurait sous-entendue, et que par conséquent, ce pacte commissoire se confond entièrement avec la condition résolutoire tacite.

Nous devons dire toutefois que des commentateurs d'une grande autorité enseignent, contrairement à ce que nous venons d'avancer, que c'est l'article 1183 qu'il faut appliquer à notre cas, et que la résolution doit avoir lieu de plein droit. Cela résulte, d'après eux, de l'intention des parties, qui, en insérant cette clause dans le contrat de vente, ont évidemment voulu se lier plus étroitement qu'elles ne l'eussent été suivant le droit commun.

La condition résolutoire d'ailleurs, ajoutent-ils, est expresse ou tacite. Elle est expresse, quand elle est stipulée par les parties; tacite, quand elle n'est pas écrite dans le contrat, mais sous-entendue par la loi. Or, la condition résolutoire est expresse dans le pacte commissoire qui nous occupe ; donc, elle doit produire l'effet de toute condition expresse, et, par suite, son accomplissement opérera, de plein droit, la résolution du contrat. C'est donc en ce sens qu'il faut interpréter cette clause qui autrement n'en aurait aucun (art. 1157, C. civ.). On a encore invoqué en faveur de cette opinion, un argument tiré du texte même de l'article 1184. Après avoir posé, en principe, que la condition résolutoire est toujours sous-entendue dans les contrats synallagmatiques, pour le cas où l'une des deux parties ne satisfera point à son engagement, l'article ajoute : « *Dans ce cas*, le contrat n'est point résolu de plein droit. » *Dans ce cas*, c'est-à-dire dans le cas de la condition résolutoire tacite, prévu par le premier alinéa. Donc, dans le cas d'une condition résolutoire expresse, la résolution est opérée de plein droit ; par conséquent, ce n'est que dans le cas de la condition tacite ou sous-entendue que le juge peut accorder au défendeur un délai, suivant les circonstances. La conséquence, a-t-on dit, est directe et naturelle (1).

Mais cette doctrine est, à notre avis, inadmissible, et nous allons essayer de le démontrer.

1. Toullier, III, 564. — Troplong, *Vente*, I, 61 et II, 666.

Et d'abord, répondons à l'argument qui consiste à dire que les parties, en insérant cette clause dans le contrat, ont manifesté par là, l'intention de se lier plus étroitement qu'elles ne l'eussent été suivant le droit commun, il nous semble qu'il n'est pas fondé. En effet, si la condition résolutoire que la loi sous entend tacitement, d'après l'intention vraisemblable des parties, devait, pour être écrite dans le contrat de vente, changer de nature et produire les effets d'une condition résolutoire expresse, il en résulterait naturellement que le vendeur qui, d'après l'article 1184, a le choix : ou de demander la résolution de la vente avec dommages et intérêts, ou d'en poursuivre l'exécution, lorsqu'elle est possible, perdrait toujours ce dernier droit et par suite l'acheteur pourrait toujours l'obliger, en ne payant pas son prix, à reprendre la chose vendue. Or, peut-on raisonnablement admettre que le vendeur a eu, en insérant cette clause dans le contrat de vente, l'intention de se dépouiller ainsi du droit le plus essentiel pour lui, du droit de poursuivre l'exécution du contrat, pour se mettre à la merci de l'acheteur? Non évidemment, cela ne saurait être admis.

Quant à l'argument que nos adversaires tirent de l'article 1184, il est loin d'être péremptoire. Les travaux préparatoires démontrent que le législateur en écrivant le deuxième alinéa de l'article 1184, a voulu, non pas limiter cette disposition au pacte commissoire tacite et mettre ainsi ce pacte commissoire tacite en opposition avec le pacte commissoire exprès, mais tout simplement faire ressortir la différence qui existe entre la condition résolutoire ordinaire qui opère de plein droit selon l'article 1183, et le pacte commissoire qui n'entraîne pas de plein droit la résolution du contrat dans lequel il se trouve stipulé ou sous-entendu. Le pacte commissoire se confondant avec la condition résolutoire tacite, nous devons conclure que la résolution devra être prononcée en justice et que le juge pourra, usant du droit que lui attribuent les articles 1184 et 1655, accorder à l'acheteur, pourvu que le vendeur ne soit pas en danger de perdre et la chose et le prix, un délai pour se libérer, selon les circonstances (1).

C'est en ce sens que notre pacte commissoire a été interprété par Bigot-Préameneu : « Lors même, dit-il, que la condition résolutoire serait formellement stipulée, il faudrait toujours constater l'inexécution, en vérifier les causes, les distinguer de celles d'un simple retard, et dans l'examen de ces causes, il peut en être de si favorables que le juge se trouve forcé par l'équité à accorder un délai (2). »

Deuxième hypothèse. — Le contrat de vente porte que faute de paiement au terme convenu, la vente sera résolue de plein droit.

L'article 1656 tranche la question en ces termes : « S'il a été stipulé lors de la vente d'immeubles, que faute de paiement du prix dans le terme convenu, la vente serait

---

1. Demol. *Contrats* II, 548, 549. Laurent, XVII, 157. Aubry et Rau, IV, § 302, texte et note 83. Marcadé sur l'art. 1184, n° 3. Colmet de Santerre, V, 105 bis.

2. *Exposé des motifs*, n° 70. Locré, leg. civ. XII, page 342.

résolue de plein droit, l'acquéreur peut néanmoins payer après l'expiration du délai, tant qu'il n'a pas été mis en demeure par une sommation : mais, après cette sommation, le juge ne peut plus lui accorder de délai. »

D'où il résulte que le terme arrivé, la vente ne sera pas résolue *ipso facto* ; il faudra encore que l'acheteur soit *mis en demeure par une sommation*. Mais quel sera l'effet de cette sommation ?

D'après certains auteurs, elle opérera résolution *ipso facto* ; l'acheteur ne pourra plus l'éviter en payant ou en faisant des offres après la sommation.

A notre avis, ce n'est point là ce que dit l'article 1656 qui décide simplement « qu'après la sommation, le juge ne peut lui accorder (à l'acheteur) de délai. » Il pourra donc payer, d'après nous, même après la sommation, seulement le juge sera dans l'impossibilité de lui accorder un délai. Cette solution, conforme à la lettre du Code, est aussi conforme à la pensée du législateur, ainsi que cela résulte formellement des paroles de Portalis, dans l'*Exposé des motifs* (1).

Comment expliquer autrement que la sommation soit une mise en demeure, si elle résout immédiatement le contrat ? Evidemment cela veut dire que le débiteur est mis en demeure de payer, et dès lors il faut lui laisser le temps

Locré VII, p. 75. — M. Colmet de Santerre qui admet ce point de vue accorde au débiteur qu'un délai très bref pour s'exécuter. V. Tome V, 41 bis, I et III.

de s'exécuter ; ce que lui refuse l'opinion qui admet que la sommation résout le contrat *ipso facto.*

M. Demolombe qui adopte cette manière de voir, est bien obligé de reconnaître qu'on ne saurait refuser au débiteur d'exécuter son obligation après la sommation « dans le délai moral strictement nécessaire pour obtempérer à la sommation (1). »

Mais il est facile de voir que cette concession que nos contradicteurs sont obligés de faire, ruine complètement leur système. En effet, si la sommation opère d'elle-même la résolution *ipso facto* il est impossible de permettre au débiteur de payer le prix après que cette formalité a été remplie. A ce point de vue, M. Laurent (2) nous semble beaucoup plus logique lorsqu'il refuse au débiteur ce délai moral que lui accorde M. Demolombe, en déclarant que la sommation tiendra lieu de jugement. Mais si cette solution est logique, elle est peu équitable, puisque le débiteur se trouve encourir la résolution sans avoir été averti ; elle est également contraire, ainsi que nous l'avons démontré, à la lettre et à l'esprit de la loi. C'est pourquoi nous la repoussons en décidant que le seul effet de notre clause sera d'empêcher le juge auquel il faudra recourir pour demander la résolution, ainsi que le dit formellement l'article 1656, d'accorder un délai au débiteur : il devra déclarer le contrat résolu, si l'acheteur n'a pas payé son prix au plus tard, au moment où le jugement sera rendu. C'est

1. *Traité des contrats*, II, 557.
2. Tome XXIV, n° 344.

en ce sens seulement que la résolution a lieu de plein droit, dans notre hypothèse.

D'éminents auteurs enseignent que la résolution du contrat, dans notre hypothèse, devrait s'opérer, suivant la rigueur des principes, de plein droit, par cela seul que l'acheteur ne paie pas le prix dans le terme convenu, sans qu'il fût besoin d'aucune mise en demeure par sommation ou autrement. L'article 1656, dans cette opinion, est considéré comme une règle exceptionnelle admise par le législateur dans le cas où la vente a pour objet un immeuble.

Cette exception à l'article 1183 ne doit pas, dit-on, être étendue aux ventes de meubles revêtues d'une clause résolutoire expresse. Dans ces sortes de ventes, l'expiration du délai convenu opère virtuellement ; le vendeur n'a pas besoin de faire une sommation pour mettre l'acheteur en demeure, et ce dernier n'est pas admis à payer hors des termes stipulés. Mais dans les ventes d'immeubles, le législateur a cru devoir se montrer moins rigoureux parce que : « La résolution entraîne des conséquences très graves ; elle donne lieu à des droits d'enregistrement considérables, elle trouble de longues possessions, elle ébranle le droit des tiers ; il a dû par conséquent entrer dans les vues d'une législation prudente d'accepter tout ce qui peut sauver l'acheteur ou ses ayants-cause d'une telle perturbation, sans nuire aux intérêts du vendeur » (1). M. Laurent qui

____

1. Troplong, *Vente*, II, 666, 667. — Larombière, II, page 364, n° 55 de l'art. 1184.

adopte cette opinion, la justifie en disant que la sommation n'est point ici une mise en demeure, mais simplement une forme par laquelle le vendeur manifeste ouvertement son intention de résoudre la vente (1).

Ce système méconnaît formellement le texte de l'article 1656 qui parle de la mise en demeure et qui la suppose nécessaire pour que la résolution se produise. On sait, en effet, que la tendance de la législation coutumière était très favorable au débiteur, puisqu'elle n'admettait pas que le pacte commissoire opérât de plein droit (2).

Le Code qui a évidemment adopté sur ce point, le système de l'ancienne jurisprudence tel qu'il nous est présenté par Pothier, est donc logique lorsqu'il exige que l'acheteur soit mis en demeure de payer son prix, avant que la résolution soit encourue.

L'opinion des auteurs que nous combattons, qui se comprendrait parfaitement avec la doctrine romaine, n'est plus en harmonie avec celle du Code. Et, puisque l'article 1656 n'est, pour nous, que l'application pure et simple du droit commun, en cette matière, nous en concluons qu'il régit les ventes de meubles comme les ventes d'immeubles.

Troisième hypothèse. — Le contrat de vente porte qu'à défaut de paiement au terme convenu, la vente sera résolue de plein droit, et sans qu'il soit besoin d'une sommation.

Cette convention qui n'est contraire ni à l'ordre public, ni aux principes doit être considérée comme parfaitement

1. Laurent, XVII, 163 et XXIV, 344, 345.
2. Pothier, *Vente*, 459.

valable ; cette clause, d'ailleurs, n'est que l'application des principes généraux. L'article 1139, en effet, porte que la mise en demeure ne résulte pas de la seule échéance du terme, mais que la convention peut décider que la seule échéance vaudra mise en demeure.

S'il ne peut y avoir de doute sur la validité d'une pareille convention, il n'en est pas de même sur le sens qu'il faut lui attribuer.

D'après une opinion, généralement suivie dans la doctrine, la résolution, dans ce cas, se produirait de plein droit, dès le moment de l'échéance, « Oh ! pour cette fois, dit M. Demolombe (1), l'expiration du délai suffira pour opérer, de plein droit, et irrésistiblement, la résolution du contrat ! » Et M. Laurent interprète cette convention dans le sens d'une renonciation de la part du vendeur, à l'option qu'il avait entre son droit de demander le paiement du prix et celui d'exiger la résolution. En un mot, cette clause serait une condition résolutoire ordinaire, avec toutes ses conséquences.

Les éminents jurisconsultes qui enseignent cette doctrine ne paraissent pas même supposer qu'elle puisse être contestée. Et cependant, s'il nous était permis d'indiquer, après eux, notre manière de voir sur ce point, nous n'hésiterions pas à dire que leur solution nous semble en contradiction avec les principes fondamentaux sur lesquels repose le droit de résolution. En effet, l'étude historique à

1. *Traité des contrats*, II, 558.

laquelle nous nous sommes livrés, nous a démontré que de tout temps le droit de résolution, pour défaut de paiement du prix, a été établi en faveur du vendeur. Dans l'ancienne législation et dans le Code civil, ce droit a conservé ce caractère, et il a toujours été entendu que le vendeur seul était admis à s'en prévaloir. Or, ce caractère constant du pacte commissoire est absolument méconnu par les auteurs qui admettent que, dans notre hypothèse, la résolution s'opère de plein droit, irrésistiblement ; qu'elle constitue une renonciation au droit d'option réservé au vendeur d'après le droit commun. En d'autres termes, pour eux, la résolution, dans ce cas, s'impose au vendeur comme à l'acheteur ; en sorte que, cette clause par laquelle le vendeur a évidemment voulu obtenir vis-à-vis de l'acheteur, une sûreté plus énergique que celle que lui conférait le droit commun, se retournerait contre lui et serait à l'avantage de l'acheteur !

Tel est le résultat bizarre auquel on arrive. Plus le vendeur a voulu se garantir, moins il se trouve protégé. L'acheteur, s'il a fait une mauvaise opération, n'a qu'à refuser de payer ; le vendeur sera obligé de reprendre la chose, et c'est lui qui subira la perte. Telle est, disent les auteurs dont nous n'acceptons pas la théorie, l'intention des parties.

Nous ne saurions admettre que le vendeur (qui dicte le pacte commissoire à l'acheteur) en faisant inscrire dans la vente que le contrat serait résolu de plein droit, sans sommation, si l'acheteur n'avait point payé son prix à l'échéance, ait entendu par là renoncer à son droit de choisir entre la créance du prix et le droit de résolution. Le pacte commissoire ne peut profiter à l'acheteur ; il ne peut cesser d'être ce qu'il a toujours été, une condition résolutoire que le vendeur seul peut invoquer, pour devenir une condition qui laisserait à l'acheteur, non au vendeur, l'option entre l'exécution et l'anéatissement du contrat (1). Nous croyons ainsi interpréter exactement l'intention des parties, aussi pensons-nous que dans notre hypothèse, le vendeur conserve son option ; et la résolution aura lieu de plein droit en ce sens seulement, que le tribunal, saisi de la demande du vendeur, sera tenu de prononcer la résolution s'il est prouvé qu'au moment de l'échéance, le prix n'a pas été payé par l'acheteur.

En examinant les différentes hypothèses où la vente était résolue conformément à l'article 1184, nous avons toujours supposé que la résolution avait été prononcée par la justice. Faut-il admettre que les parties, lorsque l'acheteur est dans l'impossibilité absolue de remplir ses engagements, pourraient se mettre d'accord sur la résolution et passer acte de leur convention à cet égard ? Cette convention opérerait-elle une véritable résolution ou bien une simple

---

1. En effet, la résolution qui s'opère de plein droit ne pouvant engendrer contre aucune des parties, l'obligation à des dommages-intérêts (Demolombe, contrats II, 523), il en résulte que l'acheteur optera, sans danger, suivant son intérêt, pour l'un ou l'autre de ces partis. — MM. Aubry et Rau laissent au vendeur ce droit d'option. V. Tome IV, page 85.

revente, c'est-à-dire une rétrocession que l'acheteur ferait au vendeur?

La question est très importante, car suivant que l'on prendra parti pour l'une ou l'autre de ces solutions, les conséquences seront bien différentes. Décide-t-on en effet, que la résolution amiable est parfaitement efficace et qu'elle produit les mêmes effets que la résolution prononcée en justice, tout se passe alors comme si la vente n'avait jamais existé : l'acheteur n'ayant jamais été propriétaire de la chose vendue, le vendeur reprendra sa chose franche de tous les droits que l'acheteur aurait pu consentir sur elle ; décide-t-on au contraire, que la résolution amiable consentie par les parties en dehors de l'intervention de la justice, n'est qu'une véritable revente, le vendeur devra respecter tous les droits que l'acheteur a pu consentir à des tiers, sur la chose vendue, car il n'est plus dans ce cas que l'ayant-cause de l'acheteur.

Nous pensons que les parties ont le droit de convenir elles-mêmes de la résolution sans avoir besoin de s'adresser à la justice, aussi faut-il décider, à notre avis, que la résolution amiable est parfaitemeat efficace et qu'elle produit tous les effets d'une résolution judiciaire, lorsqu'elle procède d'une cause ancienne et nécessaire qui permettrait sa prononciation en justice si elle était demandée.

On objecte, il est vrai, que l'on ne trouve dans le Code aucune disposition relative à la résolution amiable et qu'au contraire l'article 1184 dit textuellement : la résolution doit être demandée en justice. Les articles 1655 et 1656 de même, ajoute-t-on, supposent également une résolution judiciaire.

Mais nous pouvons répondre que si le législateur fait intervenir la justice dans tous ces articles, c'est parce qu'il suppose que les parties ne sont pas d'accord ; ce qui le prouve c'est que ces textes reconnaissent aux juges le droit d'accorder un délai à l'acheteur en retard de payer suivant les circonstances.

Ces articles, d'ailleurs, s'ils supposent que la résolution intervient en justice, ne disent pas du tout qu'elle ne peut intervenir qu'en justice ; bien plus l'article 1184, que l'on invoque contre nous, n'a certainement pas voulu obliger les parties à plaider sans nécessité ; s'il exige l'intervention de la justice pour prononcer la résolution, c'est uniquement pour protéger l'acheteur de bonne foi qui pourrait obtenir, suivant les circonstances, un délai pour se libérer ; or, rien n'empêche l'acheteur qui se voit dans l'impossibilité de payer son prix, de renoncer à cette protection pour éviter une résolution judiciaire. Nous pouvons ajouter enfin, que nous ne sommes pas ici en présence d'un de ces différends qui ne peuvent se terminer à l'amiable par des motifs d'ordre public ou dans l'intérêt des tiers, cas dans lesquels la loi ne manque jamais d'être expresse pour exiger formellement l'intervention de la justice (V. art. 307, 1443, C. civ.).

On insiste cependant dans l'opinion que nous combattons, en invoquant l'article 1583. Dès que les parties sont d'accord sur la chose et sur le prix, la vente est parfaite, et la propriété est acquise à l'acheteur, quoique la chose n'ait

pas était livrée ni le prix payé. La résolution volontaire,
dit-on, est donc impossible, car il y a un fait consommé, la
translation de la propriété, qui échappe à la puissance hu-
maine.

Cette objection qui serait parfaitement juste s'il s'agissait dans notre cas d'une dissolution de la vente par *contrarius consensus*, ne peut pas nous arrêter, car il ne s'agit
pas ici d'une dissolution de la vente par mutuel consentement, mais de sa résolution en vertu d'une cause nécessaire,
inhérente au contrat lui-même, en vertu de la réalisation
de la condition résolutoire expresse ou tacite à laquelle son
existence était subordonnée. La convention des parties n'est
pas la cause de la résolution ; la cause de la résolution
c'est l'inexécution par l'une des parties, des obligations
que le contrat lui impose, et la convention des parties n'est
que la constatation de cette inexécution. On pourrait soulever une dernière objection : en admettant que la résolution puisse être expressément convenue, le vendeur avec
pacte de réméré pourra se soustraire au paiement des droits
de mutation en déguisant une vente avec faculté de rachat
sous le titre de vente avec pacte commissoire. Sans contester la gravité de l'objection, elle ne saurait nous arrêter,
car les règles sont bien différentes selon que l'on se trouve en
face d'une simple vente à réméré ou d'une vente sous condition résolutoire ; les délais ne sont pas les mêmes et les effets d'après la jurisprudence sont bien différents ; il n'y a donc
pas à craindre qu'un vendeur avec pacte commissoire, pour
se soustraire aux droits de mutation, consente à déguiser

une vente à réméré sous le nom de vente avec résolution conventionnelle.

En disant que la résolution conventionnelle est parfaite en ce sens qu'elle produit les mêmes effets que la résolution judiciaire, nous avons toujours supposé que cette résolution conventionnelle procède *ex causa antiqua et necessaria*, et qu'elle est consentie loyalement entre les parties. Il va sans dire, par conséquent, que si cette résolution convenue entre les parties n'était qu'une condition simulée, les tiers pourraient demander le maintien de leurs droits, en prouvant que l'acheteur n'était pas réellement dans l'impossibilité absolue de payer le prix, car l'acte qualifié de résolution doit produire les effets d'une véritable revente (1).

En terminant, nous devons dire un mot de la résolution en matière de vente de denrées et effets mobiliers. L'article 1657 du Code civil établit une règle spéciale pour ces sortes de ventes. Cet article est ainsi conçu : « En matière de vente de denrées et effets mobiliers, la résolution de la vente aura lieu de plein droit et sans sommation, au profit du vendeur, après l'expiration du terme convenu pour le retirement. »

La résolution, on le voit, n'a pas besoin d'être ici stipulée pour que le juge ne puisse point accorder de délai à l'acheteur. Le vendeur n'est même pas tenu de faire som-

1. Demolombe, contrats, II, 518 — Mourlon, Transcr. 44, Flandin, Transcrip. I, 218 — Aubry et Rau, IV, § 302, texte et note 89 — V. en sens contraire Duranton, XVI, 387 — Laurent, XXIV, 370.

mation à l'acheteur qui encourt la résolution par cela seul qu'il n'a pas retiré la chose à l'époque convenue. Il faut se garder, toutefois, de confondre ce droit de résolution accordé au vendeur de denrées et effets mobiliers, avec celui qui nous occupe. En effet, l'article 1657 suppose, non pas que le vendeur n'a pas payé le prix mais qu'il a négligé d'exécuter une autre obligation, celle du retirement. Les nécessités du commerce exigeaient ici une sanction énergique de l'inexécution de cette obligation qui pouvait avoir pour le vendeur des conséquences fâcheuses.

Remarquons en passant que la jurisprudence n'applique, dans toute sa rigueur, cette résolution, que si l'on se trouve exactement dans l'hypothèse prévue par l'article 1657. S'il s'agissait, par exemple, d'une vente sans terme, elle revient au droit commun et décide que la résolution ne peut s'opérer, en ce cas, ni de plein droit, ni en vertu d'une sommation, mais par un jugement (1).

1. Civ. rej., 17 déc. 1879. D. P., 1880, 1, 133.

CHAPITRE III

§ 1. — *De la nature de l'action en résolution et de ses caractères*

Les actions sont réelles, personnelles ou mixtes. Dans laquelle de ces trois catégories faut-il ranger l'action en résolution de la vente pour défaut de paiement du prix.

L'intérêt de la question apparaît surtout en matière immobilière. C'est, en effet, le caractère réel immobilier de l'action qui attribue compétence au tribunal de la situation. En matière mobilière, l'action est toujours intentée devant le tribunal du domicile du défendeur, car les meubles n'ont pas de situation, d'assiette fixe.

C'est une question fort délicate que de déterminer la nature de l'action en résolution. Les auteurs, sur ce point, sont très divisés. M. Laurent soutient que cette action est personnelle (1), et que, par conséquent, elle ne peut être intentée que contre l'acheteur et non contre un tiers détenteur. Il en est autrement, d'après lui, lorsque la résolution

---

1. Tome XVII, 149.

a lieu de plein droit : dans ce cas, le vendeur peut actionner directement le tiers détenteur dès le moment où la résolution a eu lieu. Cette procédure se justifie, d'après cet
auteur. par cette considération que la vente se trouvant
résolue, *ipso facto*, sans jugement, l'action en résolution
n'existe pas, dans ce cas, et c'est, en réalité, l'action en
revendication qui est donnée contre le tiers détenteur.

On a vu plus haut que nous avons repoussé cette interprétation de la résolution de plein droit ; nous ne pouvons
donc souscrire à cette nouvelle distinction qui en est la
conséquence. D'ailleurs, à notre avis, il est impossible que
la nature de l'action en résolution puisse varier suivant le
mode d'exécution établi par convention. L'action en résolution doit être ou personnelle, ou réelle, ou mixte, et nous
ne comprenons pas comment une action pourrait être ran-
gée, tantôt dans l'une, tantôt dans l'autre de ces catégories.

Théoriquement le droit de résolution pourrait se conce-
voir comme donnant naissance à deux actions ; l'une qui se
fondrait sur le contrat dont on réclame l'exécution, ou
action en résolution proprement dite, qui serait évidemment personnelle ; l'autre qui, s'appuyant sur la résolution,
tendrait à la revendication de l'immeuble, et qui serait
réelle. Mais telle n'était pas l'idée que s'en faisaient les
jurisconsultes romains. Dans la législation romaine, le
vendeur pouvait agir en résolution soit par une action personnelle, soit par l'action en revendication qui sanctionnait
le droit de résolution.

Dans notre ancienne législation, ce caractère complexe

fut reconnu à l'action en résolution et on la qualifia d'action mixte ou personnelle-réelle (1).

Les rédacteurs du Code ont-ils repoussé cette classe d'action que notre ancienne jurisprudence avait, nous ne dirons pas inventée, mais considérablement augmentée (2) ? L'article 59 du Code de procédure prouve que le législateur moderne n'a point innové sur ce point, dès lors pourquoi exclurait-on de cette catégorie d'actions mixtes, conservée par le Code de procédure, une action qui en a toujours fait partie ?

Les auteurs qui admettent que cette action est personnelle, et ceux qui la déclarent réelle ne nous paraissent pas avoir suffisamment tenu compte de cette filiation historique du droit de résolution ; aussi ont-ils, selon nous, méconnu la pensée du législateur moderne qui a largement puisé à cette source.

Une question non moins controversée c'est de savoir si l'action en résolution est mobilière ou immobilière, en supposant toujours, bien entendu, qu'il s'agit d'une vente d'immeuble.

Certains auteurs, considérant que l'objet de la résolution est l'immeuble vendu qu'elle tend à faire rentrer dans le patrimoine du vendeur, décident que l'action est immobilière. D'autres, au contraire, estiment que l'objet direct de

---

1. V. notamment Pothier, *Introduction gén. aux coutumes.* § 122, et vente, n° 464.

2. V. l'énumération de ces actions.

cette action est le paiement du prix. Dans cette dernière opinion, l'action en résolution est toujours mobilière.

C'est aussi notre avis. Nous irons même plus loin : nous pensons que cette action aura toujours ce caractère mobilier, qu'elle soit dirigée contre l'acheteur ou contre un tiers détenteur, que la résolution s'opère de plein droit, — dans le sens que nous donnons à cette expression — ou qu'elle se produise en vertu de la condition résolutoire tacite. Nous venons de voir, en effet, que l'action en résolution offre à la fois un caractère réel et un caractère personnel qu'il n'est pas permis de séparer. Il n'est donc pas permis de dire que cette action n'est parfois autre chose que l'action en revendication elle-même. L'action en revendication suppose toujours la résolution dont elle est la conséquence ; on ne peut donc confondre ces deux actions, pas plus que leur objet. L'action en résolution a pour objet le prix ; c'est en payant le prix que l'acheteur l'empêchera d'aboutir. C'est là son véritable objet. L'action est donc mobilière (1).

Voici quelques conséquences pratiques de cette discussion sur la nature de l'action en résolution :

1° Puisqu'elle appartient à la catégorie des actions mixtes, nous conclurons, par application de l'article 59

---

1. V. en ce sens Demolombe IX, 354. — M. Demolombe admet cependant que lorsque la résolution s'opère de plein droit, dans le sens où il prend cette expression, au·cas·d'un pacte commissoire, l'action en résolution se transforme en action en revendication et est dès lors immobilière, v. n° 356). Nous avons combattu *supra* cette manière de voir.

du Code de procédure, qu'elle pourra être portée, au choix du demandeur, soit devant le tribunal du défendeur, soit devant le tribunal de la situation de l'immeuble. Toutefois, même dans l'opinion qui admet que l'action en résolution est tantôt personnelle, tantôt réelle, le résultat, à cet égard, est à peu près le même. « Si le demandeur, fait observer M. Bonnier (1), ne peut pas invoquer directement le principe qui lui permet, en matière mixte, d'opter entre le tribunal du domicile et celui de la situation, il pourra toujours intenter d'abord, s'il le veut, l'action personnelle devant la première de ces juridictions, et alors, l'action réelle devra y être poursuivie, à raison de la connexité qui les unit ; ou bien au contraire, commencer par l'action réelle qui attirera alors avec elle au tribunal de la situation, la connaissance de l'action personnel. »

2° La différence pratique entre la doctrine qui reconnaît à l'action en résolution le caractère mobilier et celle qui décide qu'elle est immobilière est plus importante. Pour en voir toute la gravité, il suffit de supposer que le vendeur est marié sous le régime de la communauté légale : son action tombera-t-elle ou non dans la communauté ? Ou encore le vendeur meurt en léguant à quelqu'un tous ses meubles ou tous ses immeubles : ce legs comprendra-t-il l'action en résolution ? La solution varie suivant que l'on adopte l'une ou l'autre des deux opinions.

1. Procédure civile 1, 491.

§ 2. — *Qui peut intenter l'action en résolution.*

Le droit d'intenter l'action en résolution pour défaut de paiement du prix appartient non-seulement au vendeur, à ses héritiers ou ayant-causes universels et à titre universel, mais encore à ses créanciers en vertu de l'article 1166, car ce droit n'est pas attaché à la personne. Si le vendeur laisse plusieurs héritiers, chacun pourra user de la résolution pour sa part et portion.

Ce point n'est pas contesté. Mais on a soutenu que l'acheteur actionné en résolution par l'un des co-vendeurs ou par l'un des héritiers du vendeur originaire, peut se prévaloir, par analogie, du bénéfice des articles 1670 et 1685 du Code civil. Si la vente est faite avec clause de rachat et que le vendeur meure en laissant plusieurs héritiers, l'article 1669 du Code civil décide que chacun d'eux ne peut exercer le rachat que pour sa part et portion, en supposant que la vente a pour objet un bien divisible. Mais l'article 1670 du même Code apporte une restriction à ce principe : « L'acquéreur peut exiger que tous les covendeurs ou tous les cohéritiers, soient mis en cause, afin de se concilier entre eux pour la reprise de l'héritage entier ; et, s'ils ne se concilient pas, il sera renvoyé de la demande. » Doit-on appliquer cette disposition, par analogie, au cas où l'un des covendeurs ou cohéritiers du vendeur agit en résolution pour sa part ?

Nous ne le croyons pas, car nous ne voyons aucune
analogie entre notre hypothèse et celle que prévoit l'article
1670. En effet, dans la clause de rachat, la résolution du
contrat a lieu en vertu de son exécution ; il faut donc
tenir compte de l'intention des parties qui ont voulu que le
contrat fût maintenu ou résolu pour le tout ; l'acheteur a
évidemment acheté la chose pour l'avoir tout entière et non
pas pour en avoir une part indivise. Au contraire, lorsque
la résolution est demandée contre l'acheteur parce qu'il ne
satisfait pas à son obligation de payer le prix, la résolution
du contrat a lieu par suite de son inexécution ; aussi, l'a-
cheteur ne peut pas prétendre qu'il a entendu acquérir le
bien pour le conserver en entier, car on lui répondrait une
chose bien simple : payez le prix si vous voulez conserver
le bien. D'ailleurs l'inexécution de l'obligation de payer le
prix ne peut pas être pour l'acquéreur la source d'un droit
qui, en obligeant les covendeurs ou cohéritiers du vendeur
unique à se concilier entre eux pour faire résoudre la
vente, paralyserait en quelque sorte leur droit de résolution (1).

Chacun des héritiers du vendeur ne peut agir, avons-
nous dit, que pour sa part. Cette règle, toutefois, doit
fléchir, selon nous, dans le cas où par suite d'un partage
intervenu entre eux, la créance du prix a été mise tout
entière dans le lot de l'un des héritiers. Ce dernier alors

---

1. Duvergier, I, 464. — Laurent, XXIV, 352. — Voir en sens contraire,
Aubry et Rau IV, § 356, texte et note 27, — Troplong, *Vente* II, 639.

pourra seul intenter pour le tout l'action en résolution (art. 883, C. civ.).

Le droit d'intenter l'action en résolution appartient encore, selon nous, au cessionnaire de la créance du prix, indépendamment de toute stipulation à ce sujet. Nous devons dire, toutefois, que d'éminents jurisconsultes enseignent l'opinion contraire ; et, suivant eux, le cessionnaire de la créance du prix, ne peut intenter l'action en résolution pour défaut de paiement du prix qu'autant que cette action a été l'objet d'une cession directe et principale, car, n'étant pas un accessoire de la créance du prix, bien qu'elle soit un moyen d'obtenir le paiement du prix, cette action ne peut être implicitement comprise dans la cession de la créance du prix.

Telle est l'opinion de M. Marcadé auquel s'est rallié le savant professeur à l'Université de Gand, M. Laurent (1). « Loin que le premier droit soit l'accessoire du second, dit M. Marcadé, il ne coexiste même pas avec lui, il ne lui est pas concomitant ; il ne prend naissance qu'après que celui-ci a cessé d'exister : la demande en résolution implique et présuppose la renonciation à la créance. Or, un droit qui ne peut pas exister tant qu'existe un autre droit, ne peut certes pas être l'accessoire de celui-ci (2). »

Nous ne croyons pas cette doctrine fondée ; l'argument si ingénieux qu'il soit, sur lequel on s'appuie, ne nous parait pas suffisant pour la justifier. En effet, il est tout-à-

1. Principes de droit civil français, XXIV, 535.
2. Sur l'article 1692, n° 2.

fait inexact, croyons-nous, de ne point voir dans l'action en résolution un accessoire de la créance du prix, puisque cette action est le moyen le plus efficace de faire valoir la créance ; or l'article 1692 est formel : « La vente ou cession d'une créance comprend les accessoires de la créance, tels que caution, privilège et hypothèque. » N'est-il pas naturel, d'ailleurs, de penser que le vendeur qui cède sa créance sans réserve aucune, entend céder son action résolutoire en même temps que la créance du prix, puisque cette action, entre ses mains, ne pourrait lui être d'aucune utilité? L'article 2112 enfin, nous donne encore raison. En présence de ce texte qui accorde au cessionnaire d'une créance le droit d'exercer les mêmes droits que le cédant, quel motif y aurait-il d'empêcher la cession, d'embrasser l'action en résolution? Et dès lors, pourquoi faire fléchir ce principe pour admettre au profit de l'acheteur une exception à cette règle? Notre conclusion est donc que le cessionnaire d'un prix de vente peut, indépendamment de toute stipulation à ce sujet, provoquer la résolution de la vente, lorsque l'acheteur ne satisfait pas à son obligation de payer le prix (1).

Ce droit enfin, appartient également, selon nous, à toute personne qui, en désintéressant le vendeur, se fait subroger conventionnellement à ses droits ; car, dans notre opi-

____

1. Aubry et Rau, IV, § 359 *bis*, texte et note 46 et § 356, note 23. — Troplong, *Vente*, II, 916. — Civ. rej. 15 juin 1864. Sir. 64, 1, 497. — Paris, 12 février 1844. Sir, 44, 2, 115. — Paris, 17 août 1877, D. P. 1878, 2, 36.

nion, la créance du subrogeant n'est point différente de celle du subrogé.

Ce point a été cependant contesté par M. Coin-Delisle qui, pour soutenir que le tiers subrogé aux droits du vendeur, ne peut pas demander la résolution de la vente contre l'acheteur, fait le raisonnement suivant : le tiers qui a payé le prix de vente est un simple prêteur et la subrogation qui a pu conserver à son profit les droits attachés à la créance du prix, n'a pu faire de lui, un vendeur. Simple créancier, ce tiers subrogé ne peut donc pas avoir le droit de reprendre la chose vendue des mains de son débiteur. Le Code dit, d'ailleurs, que le snbrogé exerce les *droits* et non *tous les droits* du subrogeant, parce qu'il y en a qui lui sont exclusivement personnels. C'est ainsi que l'action en rescision pour cause de lésion ne passe pas. au tiers subrogé. Il faut donc admettre la même solution quant à l'action en résolution pour défaut de paiement du prix (1).

Si sérieuse que puisse paraître cette argumentation, la thèse de M. Coin-Delisle ne nous paraît pas admissible, car elle semble ne tenir aucun compte des principes du Code en matière de subrogation, principes d'après lesquels le subrogé, dans la mesure du recours qu'il a personnellement le droit d'exercer, est fictivement considéré comme cessionnaire des droits du créancier. Il doit donc pouvoir agir en résolution, puisque l'action en résolution est un moyen de faire valoir sa créance, d'assurer le paiement du

1. Revue critique 1854, T. 4, page 317, n° 6.

prix, et que comme tel, elle se trouve comprise parmi les droits qui passent du subrogeant au subrogé. Quant à l'assimilation entre l'action en résolution pour défaut de paiement du prix et l'action en rescision pour cause de lésion, rien n'est plus inexact, car, si celle-ci ne passe pas au subrogé, c'est qu'elle appartient au vendeur en tant que lésé et non pas en tant que créancier du prix. Elle diffère donc essentiellement de l'action en résolution pour défaut de paiement du prix, qui est tout simplement destiné à garantir le remboursement de la créance. Il nous paraît donc certain que le subrogé conventionnellement aux droits du vendeur, a le droit d'agir en résolution, lorsque l'acheteur ne paie pas le prix.

Faut-il, allant plus loin, décider que si le vendeur agit en résolution avant toute subrogation, un créancier de l'acquéreur pourra payer le vendeur pour être subrogé à son action résolutoire ? En d'autres termes, la subrogation légale, par application de l'article 1251-1°, aurait-elle lieu au profit d'un créancier de l'acheteur qui désintéresserait le vendeur poursuivant la résolution ?

La négative a été, avec raison, jugée par la Cour de cassation, qui, dans un arrêt remarquablement motivé, après avoir posé en principe que la subrogation est de droit strict, qu'elle ne peut être exigée du créancier, à qui est faite une offre de paiement que dans les cas déterminés par la loi et à la condition de ne pas lui nuire, ajoute que le créancier de l'acheteur qui désintéresserait le vendeur poursuivant la résolution, ne pourrait pas invoquer l'article 1251-1°, qui suppose le concours de plusieurs créanciers ne différant entre eux que par leur rang ou ordre de préférence, et dépourvus de tout intérêt à refuser leur paiement de tel ou tel créancier, auquel ils seraient préférables, plutôt que de la part du débiteur lui-même. Le créancier, en effet, n'est pas dans les termes de la loi, puisqu'il est en face d'un vendeur qui veut rentrer dans sa propriété, et non pas en face d'un créancier privilégié.

Ce créancier, ajoute encore la cour, ne peut pas non plus invoquer l'esprit de la loi, car l'article 1251-1°, en accordant la subrogation de plein droit au créancier qui paie un autre créancier qui lui est préférable à raison de ses privilèges ou hypothèques, veut éviter l'expropriation du débiteur et protéger ainsi les créanciers contre des poursuites inopportunes exercées par un créancier préférable. Or, le créancier qui demande à être subrogé au vendeur, quand celui-ci demande la résolution de la vente, loin de poursuivre ce même but, n'agit que dans son propre intérêt. Ce qu'il veut, c'est faire une bonne affaire en s'attribuant les avantages de la résolution. Acquérir purement et simplement la propriété de l'immeuble, à l'exclusion du vendeur qui a le droit de rentrer dans sa propriété, tel est le véritable but du créancier de l'acquéreur qui veut invoquer l'article 1251-1°, en offrant au vendeur qui agit en résolution le paiement du prix qui lui est dû. Ce n'est pas pour encourager de pareils calculs que la subrogation a été établie par le législateur (1).

1. Rejet, chambre civile, 3 juillet, 1854, Dalloz 1854, 1, 247.

§ 3. — *Contre qui l'action en résolution peut être intentée.*

L'action en résolution peut être intentée contre l'acheteur et ses ayants-cause universels et à titre universel, cela va de soi. Mais si l'acheteur n'est plus en possession de la chose vendue, parce qu'il l'a revendue avant d'avoir payé le prix, le vendeur pourra-t-il assigner directement le tiers-acquéreur dans le cas, bien entendu, où le contrat a pour objet une chose susceptible d'être revendiquée contre les tiers ?

Il faut, pour répondre à cette question, distinguer le cas où le tiers-acquéreur s'est chargé, par son contrat d'acquisition, de payer le prix de la première vente, et celui où le sous-acquéreur n'a pas été chargé, par son contrat, de payer le prix de vente au vendeur originaire.

Le premier cas n'offre pas de difficulté. L'action en résolution peut être intentée, *omisso médio*, contre le tiers-acquéreur, qui, s'étant chargé par son contrat de désintéresser le vendeur originaire, est devenu son obligé personnel (1).

Il n'en est plus de même lorsque le tiers-acquéreur n'a pas été chargé par son contrat, de désintéresser le vendeur originaire. Dans ce cas, le tiers-acquéreur n'étant pas obligé personnellement envers le vendeur originaire, celui-ci ne pourra pas intenter directement contre lui, l'action en

____

1. En ce sens, Req. 6 février 1878. D. P., 1878, 1, 275.

résolution. Pour que son action soit recevable, le vendeur originaire devra obtenir préalablement la résolution de la vente contre le premier acquéreur. Tel ne semble pas être l'avis de M. Duranton : « Le vendeur, dit l'éminent professeur, peut donc agir contre le tiers, et il le peut *même directement, sans avoir besoin de faire prononcer préalablement la résolution du contrat avec l'acheteur ;* mais il faut mettre ce dernier en cause, pour établir que le prix n'a pas été payé et que le vendeur n'a pas été satisfait de quelque autre manière ; il est toujours plus régulier d'agir contre l'acquéreur directement, et de mettre en cause le sous-acquéreur pour faire déclarer le jugement commun avec lui (1). »

Nous persistons néanmoins à croire que le vendeur non payé ne peut s'adresser directement au tiers acquéreur et revendiquer sa chose contre lui, car le tiers acquéreur assigné directement par le vendeur pourra toujours lui opposer une fin le non recevoir. A quel titre, lui dira-t-il, prétendez-vous reprendre l'objet vendu ? Est-ce à titre de propriétaire ? Mais vous avez cessé d'être propriétaire par la vente que vous avez consentie à mon auteur ; or, tant que vous n'aurez pas fait résoudre la première vente, les droits de mon auteur sont intacts, et par conséquent les miens jouissent de la même sécurité. Est-ce à titre de créancier ? Mais je suis l'ayant-cause à titre particulier de votre acheteur ; je n'ai donc contracté aucune obligation envers vous.

----

1. Tome XVI, 361.

C'est donc au premier acquéreur que le vendeur doit s'adresser ; c'est donc contre lui que le vendeur doit former directement sa demande en résolution, et, la résolution prononcée, il pourra revendiquer la chose vendue contre le tiers acquéreur. Toutefois, cette manière de procéder qui semble la plus naturelle, présente en pratique, de graves inconvénients, car le tiers acquéreur pourra encore écarter l'action du vendeur, en se retranchant derrière les principes de l'autorité de la chose jugée. Invoquant, en effet, l'article 1351 du Code civil, il pourra soutenir que le jugement prononçant la résolution contre son auteur, ne lui est pas opposable, et forcer ainsi le vendeur à obtenir un nouveau jugement contre lui.

Pour éviter les frais et les lenteurs qui peuvent résulter de cette manière de procéder, le vendeur peut, et c'est là la meilleure voie, actionner du même coup l'acheteur direct et le tiers acquéreur, le premier en résolution de la vente, le second en délaissement de la chose vendue, comme conséquence de la résolution de la vente ; ou bien, si l'instance était déjà engagée contre l'acheteur direct, mettre en cause le tiers acquéreur afin que le même jugement qui prononcera la résolution entre lui et l'acheteur, soit commun entre eux.

Les principes exigent que ces mêmes règles soient appliquées lorsque le vendeur se trouve en présence de créanciers ayant, sur l'immeuble vendu, des hypothèques du chef de l'acquéreur qu'il poursuit en résolution, Les créanciers hypothécaires, comme les sous-acquéreurs, sont, en effet, de véritables tiers ; ils doivent donc pouvoir invoquer l'effet relatif de la chose jugée, quand ils n'auront pas été mis en cause par le vendeur qui agit en résolution contre leur auteur. Toutefois nous devons dire que la jurisprudence, par des considérations exagérées d'utilité pratique, décide, quant à l'autorité de la chose jugée, que les créanciers hypothécaires sont représentés par leur auteur, et que par conséquent le jugement qui prononce la résolution de la vente, fait tomber avec celle-ci tous les droits d'hypothèque que l'acheteur — leur auteur — a pu consentir sur l'immeuble vendu, sans qu'il soit besoin de les mettre en cause.

Nous avons toujours raisonné jusqu'ici, dans l'hypothèse où la résolution de la vente devra être prononcée par justice, et nous avons décidé que, dans ce cas, le tiers acquéreur ne pouvait être assigné directement en résolution. Il n'en serait plus de même, d'après l'opinion courante, dans les cas où la résolution se produit de plein droit. L'accomplissement de la condition ayant pour effet, dit-on. de rétablir le vendeur dans la propriété de la chose vendue, celui-ci, pourra, alors, agir en revendication contre le tiers-acquéreur.

Pour notre part, nous ne pouvons accepter cette distinction. Nous avons dit, en effet, qu'à notre avis, il n'y a pas à proprement parler de résolution de plein droit ; elle n'existe que lorsqu'elle a été prononcée par le juge qui se trouve plus ou moins lié, suivant les termes du pacte commissoire. Avec notre manière de voir, la procédure vis-à-vis du tiers-acquéreur sera toujours la même, quelle que soit la manière dont la résolution se produise, puisque dans tous les cas il faut un jugement.

Mais allons plus loin, et admettons pour un instant que, suivant l'opinion commune, la résolution résulte du contrat de vente lui-même. Comment pourrait-on opposer au tiers-acquéreur un contrat dans lequel il n'a pas figuré ? Ce contrat ne peut pas lui être opposé, pas plus que le jugement : *Res inter alios acta.*

CHAPITRE IV

Les effets de la résolution sont les mêmes que la vente soit résolue en vertu d'une condition résolutoire expresse ou en vertu de la condition résolutoire tacite de l'article 1184. Ces effets ne sont point réglés par des articles spéciaux, aussi aurons-nous à recourir, pour les déterminer, aux principes généraux sur la condition résolutoire, et à rechercher quelle a été, à cet égard, l'intention des parties. Si cette volonté des parties était inscrite dans le contrat, la question ne ferait point de difficulté. Nous nous placerons donc dans l'hypothèse ordinaire, où les parties auraient gardé le silence, sur ce point.

Quand la condition résolutoire s'accomplit, le contrat de vente est invoqué, et les choses sont remises au même état que si le contrat n'avait jamais existé. Il en résulte que l'acheteur est censé n'avoir jamais été propriétaire, et le vendeur n'avoir jamais cessé de l'être.

En étudiant successivement les effets de la résolution entre les parties, à l'égard des tiers et enfin à l'égard de l'enregistrement, nous verrons si cette formule doit s'appliquer strictement dans toutes les hypothèses.

§ 1. — *Effets de la résolution entre les parties.*

Du principe que la résolution de la vente a pour effet de remettre les choses au même état que si le contrat n'avait jamais existé, il résulte que chacune des parties doit restituer ce qu'elle a reçu, en vertu de la vente. Ainsi, l'acheteur doit, en premier lieu, restituer au vendeur la chose vendue avec tous les accroissements naturels qu'elle a reçus pendant que la résolution était en suspens. L'immeuble vendu, riverain d'un fleuve ou d'une rivière, s'est-il accru par suite d'une alluvion? L'acheteur restituera l'immeuble ainsi augmenté, car le vendeur qui recouvre sa chose par suite de la résolution de la vente étant censé l'avoir toujours eue dans les mains, doit profiter des accrues qui ont augmenté l'immeuble. D'ailleurs l'immeuble augmenté n'en est pas moins l'immeuble vendu puisque l'alluvion se confond avec l'immeuble (1).

Nous admettrons la même solution quand il s'agit d'un trésor trouvé dans le fonds, *pendente conditione.*

L'acheteur devra, selon nous, restituer au vendeur la moitié du trésor qui lui a été attribué *jure soli.* Pothier, en partant de cette idée que le vendeur ne peut répéter que ce qu'il a vendu, décidait que le vendeur n'y avait au-

---

1. Laurent, XXIV, 407. — Troplong, *Vente*, II, 766. En sens contraire, Pothier, *Vente*, 402.

cun droit, car le trésor ne fait pas partie de ce qui a été vendu (1).

Cette opinion ne nous paraît pas admissible. L'article 716 du Code civil attribue, en effet, la moitié du trésor au propriétaire du fonds dans lequel il a été trouvé. Or, le propriétaire c'est le vendeur, puisqu'en vertu de l'effet rétroactif de la condition résolutoire, il est censé l'avoir toujours été.

L'acheteur doit-il restituer les fruits qu'il a perçus? C'est une question très délicate.

Pour ceux qui, comme M. Laurent, appliquent à la lettre le principe de rétroactivité de la condition résolutoire inscrit dans l'article 1183 du Code civil, l'affirmative n'est pas douteuse ; pour eux, en effet, il n'y a jamais eu de vente ; l'acheteur n'a jamais été propriétaire et par suite il doit rendre les fruits qui ne lui ont jamais appartenu (2).

A notre avis, c'est aller trop loin, et il nous paraît impossible de faire ainsi de cette fiction de la rétroactivité, une réalité. Comme l'a fort bien remarqué M. Colmet de Santerre, il est des faits que la rétroactivité ne saurait atteindre. « Supposez, dit notre savant maître, que l'objet dû soit un tableau, une parure de diamants, un service d'argenterie : le débiteur conditionnel aura conservé la chose en sa possession, il s'en sera servi et quand la condition arrivera, la rétroactivité de cette condition ne pourra pas faire qu'il ne s'en soit pas servi et que le créancier n'en

1. Pothier, vente, 405.
2. Laurent XXIV, 354. Troplong, vente II, 652.

ait pas été privé pendant des mois et des années : il y a là
un fait matériel accompli contre lequel la loi est impuissante
parce qu'on ne pourrait pas imposer au débiteur conditionnel l'obligation de payer un loyer, attendu qu'on ajouterait
à ses obligations et qu'on substituerait la volonté de la loi
ou de la justice à celle des parties (1). » La volonté des
parties, tel doit être notre guide en cette matière ; or, il
n'est guère vraisemblable qu'elles aient entendu que l'acheteur devrait rendre les fruits qui auront été consommés par
lui au fur et à mesure qu'il les aura perçus. Ajoutons que
rien n'empêche le juge, s'il se trouve que l'acheteur s'est
enrichi aux dépens du vendeur, de le condamner à des
dommages et intérêts représentant le montant de cet enrichissement (2).

L'acheteur doit, en outre, indemniser le vendeur de la
perte ou des détériorations de la chose qui proviennent de
son fait ou de sa faute. Si le fonds a éprouvé une moins-
value accidentelle, l'acheteur n'en répond pas puisque la
chose aurait subi cette détérioration, s'il n'y avait pas eu
vente. Dans ce cas, le vendeur aura intérêt à résoudre ou
maintenir le contrat de vente, suivant l'importance des détériorations. S'il s'arrête au premier parti, il ne pourra reprendre la chose que dans l'état où elle se trouve.

L'acheteur peut enfin être obligé de payer au vendeur
des dommages et intérêts pour l'indemniser du préjudice

1. Tome V, 98 *bis*. II.
2. En ce sens, Demolombe, contrats II. 541.

que la résolution a pu lui causer (art. 1184 et 1147, C. Civ.).

De son côté le vendeur doit rembourser à l'acheteur les à compte reçus sur le prix. Quant aux intérêts de ces à compte, nous croyons qu'il faut appliquer la règle que nous avons établie pour les fruits. C'est là une question d'intention, de bonne foi (1).

Enfin si l'acheteur a fait sur la chose vendue des constructions, plantations ou autres ouvrages, le vendeur peut, ou les conserver, et dans ce cas, il devra lui payer tout le montant de ses dépenses, la valeur des matériaux et le prix de main-d'œuvre, ou bien en exiger la suppression. Quant aux dépenses que l'acheteur a pu faire sur la chose vendue, il faut distinguer entre les dépenses nécessaires, utiles ou simplement voluptuaires. S'il s'agit de dépenses nécessaires, le vendeur devra indemniser intégralement l'acheteur. S'il s'agit de dépenses utiles, une sous-distinction est nécessaire. Le résultat de la dépense peut-il être enlevé? Le vendeur pourra à son choix, ou reprendre la chose avec la plus-value résultant de ces dépenses, et il indemnisera alors intégralement l'acheteur comme dans le cas précédent, ou bien forcer celui-ci à remettre, à ses frais, la chose dans l'état où elle se trouvait au moment de la vente. Si, au contraire, le résultat de la dépense ne peut être enlevé, le vendeur qui en profite devra indemniser l'acheteur jusqu'à concurrence de la plus-value, car il ne doit pas s'enrichir au dépens d'autrui.

1. Comp. Laurent, XXIV, 344. Troplong, vente II, 652.

Quant aux dépenses voluptuaires, le vendeur n'est tenu d'aucune restitution, mais l'acheteur, dans ce cas, pourra enlever tout ce qu'il a apporté à la charge de ne rien détériorer. Nous avons traité l'acheteur, on le voit, dans les différentes hypothèses que nous venons d'examiner, comme un possesseur de mauvaise foi. L'article 555 du Code civil, il est vrai n'a pas été fait pour un cas semblable ; cependant comme les règles établies par cet article pour le possesseur de mauvaise foi, ont l'équité pour fondement, nous les croyons susceptibles d'extension même en dehors des cas pour lesquels elles ont été édictées. Ajoutons, enfin, que l'acheteur jouit du droit de rétention jusqu'à ce qu'il ait été complètement désintéressé des sommes qui lui sont dues par le vendeur (arg. anal. art. 1673, C. civil). Mais c'est là un point très controversé.

Pour compléter ce que nous avons à dire sur les effets de la résolution de la vente, *inter partes*, ajoutons que le vendeur, si des arrhes avaient été données, devra les restituer à l'acheteur, lorsque dans l'intention des parties, elles auront été considérées comme une avance sur le prix. Au contraire, il les gardera, si on peut voir en elles un moyen de dédit.

Quant aux frais et loyaux coûts du contrat, c'est l'acheteur qui doit les supporter, car c'est par suite de sa faute que le contrat a été résolu. Il en résulte donc que si c'est le vendeur qui en a fait l'avance, l'acheteur devra l'en indemniser. Pour ces mêmes motifs et par application de l'article 130 du Code de procédure civile; l'acheteur devra, en outre, supporter les frais de l'instance.

§ 2. — *Effets de la résolution à l'égard des tiers*

Le principe est que la résolution agit comme toute condition résolutoire ; elle anéantit rétroactivement la propriété conférée à l'acheteur, ce qui nous conduit à dire que la résolution de la vente pour défaut de paiement du prix peut être invoquée contre les tiers qui tiennent la chose de l'acheteur, et que par suite de la résolution, tous les droits établis sur la chose du chef de l'acquéreur, se trouveront anéantis.

Ce principe subit toutefois des restrictions, comme nous le verrons bientôt, et au point de vue du droit civil et au point de vue du droit fiscal.

Pour plus de clarté, nous étudierons successivement les effets de la résolution à l'égard des tiers qui ont traité avec l'acheteur, et à l'égard de ceux qui ont traité avec le vendeur.

A. — *Effets de la résolution à l'égard des tiers qui ont traité avec l'acheteur.*

Par suite du principe *resoluto jure dantis resolvitur jus accipientis*, tous les droits concédés par l'acquéreur sont anéantis, car la vente étant considérée, par suite de sa résolution, comme n'ayant existé, l'acquéreur est censé n'avoir jamais été propriétaire ; il n'a pu, par conséquent, établir aucun droit sur la chose vendue. L'article 2125 le dit de l'hypothèque, et le même principe s'applique par identité de raison, à la concession de tous droits réels.

Ce principe toutefois est soumis à plusieurs restrictions :

1° L'effet rétroactif attaché à la condition résolutoire reste sans influence sur les actes d'administration passés par l'acheteur. Le vendeur qui rentre dans sa propriété doit les respecter s'ils sont exempts de fraude. L'intérêt privé de la propriété et de la bonne administration exige que ces actes soient respectés. L'article 1673, d'ailleurs, consacre cette distinction entre les actes de disposition et les actes d'administration. Cette disposition est trop raisonnable et trop utile pour qu'on hésite à la généraliser (1).

2° La rétroactivité de la condition résolutoire reste également sans effet, sur le sort des fruits perçus *pendente conditione* par un sous-acquéreur de bonne foi. Ce dernier n'est tenu de rendre que les fruits perçus depuis que l'action en résolution a été intentée contre lui par le vendeur originaire qui a fait résoudre la vente. Il est encore tenu envers le vendeur jusqu'à concurrence de son enrichissement seulement, lorsqu'il a profité des dégradations

---

1. Colmet de Santerre, V, 102 bis, III. — Demol., *Contrats*, II, 338. — Aubry et Rau, IV, § 302, texte 75. — Troplong, *Vente*, II, 651. — V. en sens contraire, Laurent, XXIV, 358, qui admet la rétroactivité avec toutes ses conséquences.

que la chose vendue a pu subir par son fait ou sa négligence ; il n'a pas, dans ce cas, à indemniser entièrement le
vendeur, car s'il a négligé la chose c'est qu'il la croyait
sienne : *rem quasi suam neglexit*.

Si la chose enfin a augmenté de valeur, le vendeur lui
devra le remboursement de la plus-value ou des frais qui
ont donné lieu à cette plus-value. Disons avant de finir sur
ce point que le sous-acquéreur ne doit pas être considéré
comme un possesseur de mauvaise foi, par cela seul qu'il
avait connu, lors de son acquisition, que son vendeur
n'avait pas acquitté le prix de vente, car il pouvait compter
que son vendeur se libérerait envers le vendeur originaire.

3° La résolution n'a encore aucun effet à l'égard des
tiers, si l'acte de vente porte que le prix de vente a été
intégralement payé, alors même que les parties établiraient
par une contre-lettre que la quittance était simulée
(art. 1321, C. civ.).

4° Le principe *resoluto jure dantis resolvitur jus accipientis*, subit encore une notable restriction en matière
mobilière. Quand l'acheteur aura disposé de l'objet vendu,
meuble corporel ou titre au porteur, et qu'il l'aura livré à
un sous-acquéreur, ou mis en gage, le vendeur ne pourra,
en principe, le reprendre des mains des tiers détenteurs,
par application de l'article 2279 du Code civil.

Une hypothèse délicate se place naturellement ici. Nous
venons de dire que le vendeur ne peut intenter l'action en
résolution contre le sous-acquéreur de bonne foi d'un
meuble. Mais si nous supposons que l'acheteur au lieu de

revendre le meuble qu'il a acheté l'a rendu immeuble par destination, le vendeur pourra-t-il exercer son droit de résolution ?

La question n'est susceptible d'être discutée sérieusement que si on suppose que l'immeuble auquel l'objet a été incorporé est grevé d'hypothèques ; la difficulté ne s'élévera que dans les rapports du vendeur avec les créanciers hypothécaires. Si le vendeur se trouve simplement en présence de l'acheteur ou de créanciers chirographaires, l'immobilisation du meuble vendu ne fait pas obstacle à son droit de résolution. Les articles 592 et 593 du Code de procédure civile le prouvent surabondamment. En effet, le premier de ces articles indique, en première ligne, dans son énumération, des choses non susceptibles de saisie-exécution, les immeubles par destination. L'article 593 qui contient les exceptions au principe de l'article 592 déclare possible la saisie-exécution des immeubles par destination, lorsqu'elle est faite à la requête du vendeur non payé ; ce qui implique bien qu'il n'y a pas d'immobilisation par destination à l'égard du vendeur qui, par conséquent, dans notre hypothèse, pourra faire résoudre la vente conformément à l'article 1654 du Code civil.

On a cependant soutenu que l'immobilisation de l'objet vendu fait obstacle au droit de résolution du vendeur non payé, à l'encontre des créanciers chirographaires de l'acheteur. On s'appuie sur l'article 2102-4°. Le droit de revendication que cet article accorde au vendeur de meubles, n'est dans cette opinion que le droit de résolution exercé à l'encontre des créanciers de l'acheteur, et par suite les règles restrictives de ce texte sont applicables dans l'hypothèse qui nous occupe. Dès lors toutes les fois que l'une des conditions exigées par l'articles 2102-4°, vient à faire défaut, le vendeur ne pourrait pas faire résoudre la vente (1).

Cette opinion est complètement abandonnée aujourd'hui; elle part, d'ailleurs, d'un principe faux, en donnant au droit de revendication dont parle l'article 2102-4° un caractère qu'il n'a pas, ainsi que nous l'avons démontré plus haut (2).

Supposons maintenant que l'immeuble auquel l'objet vendu a été incorporé est grevé d'hypothèques. En d'autres termes, le vendeur se trouve en présence de créanciers hypothécaires de l'acheteur. Le vendeur conservera-t-il son droit de résolution ?

La question ici est très délicate. La difficulté vient de l'article 2133 du Code civil qui est ainsi conçu : « L'hypothèque acquise s'étend à toutes les améliorations survenues à l'immeuble hypothéqué. »

Des auteurs, en s'appuyant sur cet article, enseignent que l'immobilisation empêchera le vendeur d'exercer son action en résolution au détriment des créanciers hypothécaires. Le mot *améliorations*, dit-on dans ce système, comprend les objets mobiliers que le propriétaire du fonds grevé y a attaché pour la culture ou à perpétuelle demeure. Par suite de l'immobilisation, le meuble vendu n'existe

1. Duranton XVI, 380.
2. V. *supra* chapitre, 1.

plus à l'égard des créanciers hypothécaires ; ceux-ci dès
lors ont qualité pour s'opposer au droit de résolution du
vendeur. On ajoute que les créanciers hypothécaires de
l'acheteur peuvent être regardés comme ayant acquis un
droit de gage sur le meuble vendu et que par suite, ils
doivent pouvoir invoquer l'article 2279 comme tout créancier gagiste (1).

Quelque grande que soit l'autorité des auteurs qui ensei-
gent cette doctrine, nous ne croyons pas suffisantes les
raisons qu'ils donnent pour établir que les créanciers hypothécaires de l'acheteur ont qualité pour s'opposer au droit
de résolution du vendeur non payé, car nous avons des
textes de loi qui montrent de la manière la plus certaine,
que le vendeur non payé n'a à tenir aucun compte de l'immobilisation par destination. Ainsi les articles 592 et 593
du Code de procédure civile, que nous avons déjà invoqués
pour prouver que l'immobilisation par destination ne fait
pas obstacle au droit de résolution du vendeur, lorsqu'il
s'exerce à l'encontre de l'acheteur ou de ses créanciers chirographaires, montrent clairement, à notre avis, qu'il n'y
a pas d'immobilisation par destination à l'égard du vendeur,
que l'immeuble auquel a été incorporé le meuble vendu
soit ou non grevé d'hypothèques. L'article 593, en effet,
ne fait pas de distinction, quant à l'article 2133 que l'on
invoque, il ne contredit nullement notre solution. L'hypothèque s'étend aux améliorations, cela est certain, mais

1. Aubry et Rau, III, § 284, textes et notes 3 et 4. — Valette, priv., 85.
Marcadé sur l'article 1654, nº 2. — Laurent, XXIV, 367.

sous la réserve des droits qui appartiennent à des tiers.
Enfin, il ne nous parait pas exact de comparer le créancier
gagiste à un créancier hypothécaire, car celui-ci ne possède
pas et partant il ne peut pas se prévaloir du bénéfice de
l'article 2279 (1).

La jurisprudence envisage la question à un autre point
de vue. Elle distingue suivant que l'immobilisation du
meuble vendu résulte d'une incorporation ou d'une simple
destination. Dans ce dernier cas, elle admet que les droits
du vendeur sont réservés, tandis qu'ils ne le sont pas dans
le premier (2). Cette distinction nous paraît difficile à justifier, la loi n'ayant fait nulle part entre ces deux sortes
d'immobilisation, une différence quelconque, au point de
vue de leurs effets.

B. — Effets de la résolution à l'égard des tiers qui ont
traité avec le vendeur.

Lorsqu'une chose appartient à une personne sous condition résolutoire, elle appartient par là même à une autre
personne sous la condition suspensive inverse. Ainsi dans
une vente, celui qui a vendu une chose sous condition résolutoire demeure propriétaire sous condition suspensive,
de la chose vendue. La propriété, par conséquent, sera
résoluble pour l'acheteur et suspendue pour le vendeur.

1. M. Bufnoir à son cours. — Troplong. Vente, II, 645.
2. *Req. rej.*, 9 juin 1847. Dalloz 1847, 1, 248.

Celui-ci pourra donc, dans cette hypothèse, constituer *pendente conditione*, des droits réels sur la chose vendue en vertu de son droit de propriété, sous condition suspensive.

Il en résulte que la résolution de la vente, si elle se produit, annulera les droits réels consentis sur la chose par l'acheteur qui, *pendente conditione*, était propriétaire sous condition résolutoire, pusqu'il sera présumé n'avoir jamais été propriétaire, et validera, au contraire, les droits réels que le vendeur aura pu consentir *pendente conditione*, comme propriétaire sous condition suspensive, puisqu'il sera présumé avoir toujours été propriétaire.

Cette théorie est consacrée par l'article 2125 du Code civil : « Ceux qui n'ont sur l'immeuble qu'un droit suspendu par une condition, ou résoluble dans certains cas, ou sujet à rescision, ne peuvent consentir qu'une hypothèque soumise aux mêmes conditions ou à la même rescision. »

Cette doctrine a été pourtant contestée.

Le vendeur non payé, dit-on, éventuellement appelé à rentrer dans la propriété de la chose vendue, par la résolution judiciaire de la vente pour défaut de paiement du prix, ne peut consentir des droits réels sur la chose vendue avant l'introduction de l'action résolutoire. Jusque-là, il est impossible de le considérer comme propriétaire ou comme ayant sur la chose vendue un droit de propriété subordonné à une condition suspensive, car le propriétaire qui aliène sa chose, quoique sous condition résolutoire seulement, se dépouille d'une manière complète de son droit de propriété ; et, en cas de résolution, il y aura, non point consolidation d'un droit acquis sous condition, mais tout simplement retour de la chose à l'ancien propriétaire qui, dans l'intervalle, avait cessé de l'être (1).

La conséquence de cette doctrine est que le vendeur n'étant pas propriétaire *pendente conditione*, ne pourra pas constituer des droits réels sur la chose vendue.

Cette doctrine nous paraît contraire à des idées qui s'imposent elles-mêmes. Il est, en effet, impossible qu'une chose appartienne à une personne sous condition résolutoire sans qu'elle appartienne à une autre sous condition suspensive. Il y a là, ce nous semble, des idées qui s'imposent et qui n'ont pas besoin d'être démontrées. Celui qui a vendu une chose sous condition résolutoire est présumé, si la condition résolutoire s'accomplit, n'avoir jamais cessé d'être propriétaire, et par suite il reprend la chose libre de tous les droits réels dont l'acheteur l'aurait grevée *pendente conditione*. Comment expliquer ce résultat, si ce n'est par cette idée que le vendeur conserve sur la chose vendue, pendant que la condition résolutoire est en suspens, un véritable droit de propriété sous condition suspensive ! Et si on ne reconnaît au vendeur qu'un simple droit *ad rem*, pendant que la condition est en suspens, et non pas un véritable droit de propriété, un *jus in re*, comment le jugement qui prononce la résolution de la vente,

1. Aubry et Rau, III, § 266, texte et note 13.

pourrait-il convertir ce *jus ad rem* en un véritable *jus in re*
puisqu'il n'intervient que pour constater l'inexécution du
contrat et l'accomplissement de la condition à laquelle était
subordonné le retour de la propriété entre les mains du
vendeur (1)?

C. — *Effets de la résolution relativement à la possession.*

Si la vente a été faite *a non domino*, le vendeur peut,
après la résolution du contrat, joindre à sa propre possession, celle de l'acquéreur, car par suite de la résolution de
la vente, le vendeur doit être considéré comme ayant toujours
possédé la chose vendue. En d'autres termes, l'acheteur
est censé avoir possédé pour le compte du vendeur (2). Et
de cette idée que le vendeur ne fait que continuer son
ancienne possession, nous ne croyons pas qu'il soit nécessaire que le vendeur soit demeuré de bonne foi pour arriver
à la prescription. Nous appliquons ici, purement et simplement, la régle de l'article 2269 du Code civil.

Si l'immeuble vendu avait depuis la vente passé entre
les mains d'un tiers possesseur, ce tiers pourrait prescrire
contre le vendeur, bien que celui-ci n'ait *pendente conditione* sur la chose, qu'un simple droit conditionnel. L'article 2257 du Code civil ne s'applique, à notre avis, qu'aux

1. Demolombe, *Contrats*, II, 410 et 411. — Colmet de Santerre, V,
100 *bis*. III. — Laurent, XVII, 81.
2. Aubry et Rau, II, § 181, texte et note 5.

créances et non pas à la propriété et à ses démembre-
ments. Cette solution est fort juste, car le vendeur, en
qualité de propriétaire sous condition, peut interrompre la
prescription ; s'il ne le fait pas, il doit supporter les conséquences de sa faute. Ajoutons, toutefois, que le vendeur
pourrait opposer au tiers possesseur toutes les causes de
suspension qui lui sont personnelles.

D. — Effets de la résolution relativement à la chose
jugée.

Des jugements peuvent avoir été rendus pour ou contre
l'acheteur, *pendente conditione*. Ces jugements seront-ils
opposables au vendeur qui rentre dans la propriété de la
chose vendue? Et pourra-t-il s'en prévaloir s'ils lui sont
favorables ?

Le vendeur, selon nous, est un véritable tiers par rapport aux jugements rendus pour ou contre l'acheteur, et
par suite ces jugements, à son égard, ne peuvent pas avoir
l'autorité de la chose jugée. On est généralement d'accord
pour décider que les jugements rendus pendant que la condition était en suspens, ne sont pas opposables au vendeur
qui a fait résoudre la vente. Ce point, en effet, n'offre pas
de difficulté en présence de l'article 1179 du Code civil et
des principes sur la résolution qui ne permettent pas aux
droits nés du chef de l'acquéreur, qui n'a qu'un droit de
propriété sous condition résolutoire, de survivre à la résolution de ce droit.

Mais des divergences s'élèvent sur le point de savoir si le vendeur peut invoquer les jugements qui lui sont favorables.

De très bons esprits soutiennent l'affirmative. L'acheteur propriétaire sous condition résolutoire se trouve soumis, a-t-on dit, à l'obligation éventuelle de restituer la chose et par conséquent de veiller à sa conservation, *pendente conditione*. Il a donc qualité pour la défendre dans l'intérêt de son vendeur à qui elle devra être restituée, mais non pour compromettre les droits de ce dernier (1).

Nous ne pouvons pas admettre cette opinion, car le vendeur qui rentre dans la propriété de sa chose n'est pas l'ayant-cause de son acheteur ; il est un tiers par rapport aux conventions que 'celui-ci a faites, et doit être traité comme tiers par rapport aux jugements. Le vendeur, nous le reconnaissons, a donné mandat de conserver la chose, mais ce mandat n'emporte pas le pouvoir de plaider, car plaider c'est compromettre le droit, objet du procès ; or, l'acheteur n'a pas qualité pour le faire.

D'ailleurs nous ne voyons pas pourquoi le vendeur serait réputé avoir été partie dans les jugements qui lui sont favorables et tiers dans ceux qui peuvent lui nuire.

Concluons donc que les tiers, s'ils sont prudents, devront mettre en cause et l'acheteur et le vendeur, pour être sûrs d'avoir agi avec le propriétaire (2).

---

1. Aubry et Rau, VIII, § 769 texte et note 55. — Duranton, XIII, 509 et 510.

2. Colmet de Santerre V, 328 *bis*, XXIII. — Laurent, XX, 123.

§ 3. — *Effets de la résolution à l'égard de l'enregistrement.*

Au point de vue du droit fiscal, tout droit régulièrement perçu ne peut être restitué, quels que soient les évènements ultérieurs (art. 60, loi du 22 frimaire an VII). Tel est le principe.

Il en résulte que les droits de mutation qui ont été perçus, sont malgré la résolution de la vente, acquis au fisc qui a même le droit de les exiger, s'ils n'ont pas été payés.

L'administration, en outre, considère la résolution, toutes les fois que l'acheteur a été mis en possession de la chose vendue, comme une véritable rétrocession sur laquelle elle perçoit un droit proportionnel qui varie suivant que la vente est mobilière ou immobilière (art. 69. Loi du 22 frimaire an VII).

Ce point, toutefois, a été modifié par l'article 12 de la loi du 27 ventôse an IX.

Les jugements portant résolution, dit cet article, de contrats de vente pour défaut de paiement quelconque sur le prix de l'acquisition, lorsque l'acquéreur ne sera point entré en jouissance, ne seront assujettis qu'au droit fixe d'enregistrement, tel qu'il est réglé par l'article 68 de la loi du 22 frimaire an VII.

Ainsi donc, si l'acheteur a été mis en possession de la chose vendue, la résolution du contrat de vente est assujettie à un droit proportionnel. Si, au contraire, l'acheteur n'est pas entré en jouissance, et qu'il n'y a pas eu de paiement quelconque sur le prix de l'acquisition, et qu'enfin la résolution a été prononcée en justice, le jugement portant résolution de la vente n'est plus soumis à un droit proportionnel mais à un droit fixe d'enregistrement.

CHAPITRE V

L'action en résolution, qui appartient au vendeur non payé, peut s'éteindre par suite d'évènements postérieurs à la vente.

Parmi les causes d'extinction, les unes résultent des principes généraux ; les autres, établies dans l'intérêt du crédit public, ont pour effet de restreindre l'exercice de l'action en résolution à l'encontre des tiers.

Nous diviserons notre chapitre en trois sections. Nous consacrerons la première aux causes générales d'extinction : elles sont communes aux ventes de meubles et aux ventes d'immeubles ; la seconde aux causes spéciales aux ventes mobilières, et la troisième aux causes spéciales aux ventes immobilières.

SECTION I

Causes générales.

Elles sont communes aux ventes mobilières et aux ventes immobilières.

I. — *Novation.*

La novation ayant pour effet d'entraîner l'extinction de l'obligation principale et de ses accessoires, le droit de résolution du vendeur non payé se trouve forcément éteint lorsque celui-ci fait novation de sa créance, à moins qu'il ne l'ait expressément réservé (art. 1278 C. civ.).

Des difficultés assez sérieuses peuvent se présenter ici. Quand y a-t-il novation?

Nous avons déjà dit que la conversion du prix de vente en une rente perpétuelle n'entraîne pas l'extinction du droit de résolution, lorsque cette conversion avait lieu dans le contrat de vente, car on ne rencontre pas dans cette hypothèse les éléments d'une novation. Il n'y a, dans ce cas, qu'une modification de la dette quant au mode de paiement. Mais que faut-il décider, si le prix consistant primitivement en un capital exigible est converti en une rente perpétuelle, par une convention postérieure et sans réserve de l'action en résolution?

A notre avis, le vendeur perd le droit de demander la résolution de la vente pour défaut de paiement du prix, car, il y a, dans ce cas, nécessairement novation.

Cette question avait été déjà soulevée dans notre ancien droit et Pothier la résolvait en ce sens. « Le contrat de constitution de rente, disait-il, étant réel, il est de son essence que celui qui constitue la rente reçoive le prix de la constitution ; lorsque mon débiteur d'une certaine somme, *puta*, de mille livres, me constitue pour cette somme cinquante livres de rente, il faut qu'il reçoive la somme de mille livres pour le prix de la rente qu'il me constitue, et il ne peut être censé le recevoir que par la quittance que je lui en donne en paiement de la rente qu'il me constitue. Cette constitution de rente renferme donc une quittance que je lui donne de cette somme ; elle renferme une compensation de la dette de cette somme dont il m'était débiteur avec pareille somme que je devais lui donner pour prix de la rente qu'il me constitue ; or, il est évident que cette quittance et cette compensation éteignent cette dette, et forment une novation. » Et à l'objection qu'on lui faisait, objection qui consistait à dire qu'il n'y avait pas de novation dans ce cas, car c'était toujours l'ancienne créance qui subsistait simplement modifiée par la constitution de rente, il répondait : « La créance d'une rente est proprement la créance des arrérages qui en courront à perpétuité jusqu'au rachat, plutôt que du principal qui, ne pouvant pas être exigé, n'est pas proprement dû, et est *in facultate luitionis, magis quam in obligatione* (1). » Ces arguments n'ont rien perdu de leur force dans notre droit.

Une question analogue est celle de savoir si le vendeur qui a accepté en paiement du prix des billets négociables, souscrits par l'acheteur, a nové sa créance, et partant perdu son droit de résolution. La négative ne nous paraît

1. *Traité des obligations*, n° 595.

pas douteuse si l'acte de vente ne donne pas quittance du prix ; il n'y a alors qu'un réglement du prix en billets pour faciliter le paiement, et l'effet libératoire des billets est subordonné à leur paiement. Mais si l'acte de vente contient quittance, la question devient délicate. La jurisprudence toutefois, est fixée en ce sens qu'il n'y a pas dans ce cas novation. L'article 1273 d'ailleurs est formel : « La novation ne se présume pas, il faut que la volonté de l'opérer résulte clairement de l'acte. » Or, on ne peut pas dire avec certitude que le vendeur, en recevant ces billets, entend renoncer aux garanties que lui accorde la loi (1).

II. — *Renonciation.*

Le droit de résolution du vendeur non payé peut s'éteindre par la renonciation puisque ce droit n'est établi qu'en sa faveur.

La renonciation peut être expresse ou tacite. Nous n'avons rien à dire de la renonciation expresse. Ce point ne peut, en effet, soulever aucune difficulté, puisqu'en la supposant expresse la renonciation n'offre pas d'incertitude. Quant à la renonciation tacite au droit de résolution, elle résulte d'un acte exclusif de l'exercice de ce droit, fait par le vendeur. Demandons-nous maintenant dans quels cas il faut admettre de la part du vendeur, la renonciation tacite

1. M. Bufnoir *à son cours.* — Laurent XVIII, 283. — Aubry et Rau IV, § 324, texte et note 34, — Civ. cass. 22 juin 1841, Sir. 41, 1, 473.

à son action résolutoire. Ce point, nous allons le voir, offre de grandes difficultés.

Le vendeur, on le sait, a deux droits. Il peut ou poursuivre le paiement du prix, ou demander la résolution de la vente. Renonce-t-il à l'un de ces droits, en exerçant l'autre ?

Supposons d'abord que le vendeur commence par demander l'exécution du contrat ; il a mis l'acheteur en demeure de payer le prix. On enseigne généralement, et avec raison, que le vendeur en demandant le paiement du prix ne renonce pas à son droit de résolution. En effet le droit principal du vendeur c'est le droit à l'exécution ; le droit à la résolution n'est que subsidiaire, un pis-aller en quelque sorte que l'on exerce que lorsque l'exécution n'est pas possible. Or, il est naturel et logique que le vendeur commence par demander l'exécution du contrat, droit principal et inhérent au contrat, avant de demander la résolution qui est sa ressource dernière. Cela est d'autant plus exact que le vendeur ne peut exercer ce dernier droit que lorsque l'acheteur ne satisfait pas à son obligation de payer le prix ; la renonciation par conséquent, si on veut absolument que la demande en paiement implique renonciation au droit de résolution, ne serait que conditionnelle et subordonnée au paiement du prix (1).

Cette solution nous l'appliquerons également au cas où

1. Colmet de Santerre V, 104 bis, II. — Laurent XVII, 139. — Demolombe, contr. II, 529 et 530. — Troplong, vente, II, 656 et priv. et hypoth. I, 224 bis.

le contrat de vente porte que la résolution aura lieu de plein droit et sans qu'il soit besoin de sommation, car cette résolution qui est stipulée en faveur du vendeur ne peut pas produire des effets contre lui. Et si on objecte : *electa una via, non datur regressus ad alteram,* cette maxime qui ne repose sur aucun texte de loi, ne prouve rien, car elle suppose qu'en prenant l'une des voies on renonce à l'autre.

Or, dans notre hypothèse, cette volonté de renoncer au droit de résolution n'existe point, lorsque le vendeur commence par demander le paiement du prix. Dans cette hypothèse comme dans la précédente, il est tout à fait naturel que le vendeur s'assure, avant de faire résoudre le contrat, qu'il ne sera pas payé.

Si nous supposons maintenant que le vendeur commence par demander la résolution, nous croyons, bien que la question soit controversée, que le vendeur pourra, tant que le jugement ne sera pas rendu ou que l'acheteur n'aura pas acquiescé à sa demande en résolution, se raviser et demander le paiement du prix, car en demandant la résolution il ne manifeste pas l'intention de renoncer à l'exécution du contrat.

Toute renonciation, en effet, étant de droit étroit, il suffit qu'il y ait doute sur la volonté de renoncer, pour que le juge ne puisse l'admettre (1).

Il y a un cas où la renonciation au droit de résolution

1. Demolombe. Contr. II, 531. Laurent, XVII, 139.

n'est pas douteuse ; c'est lorsque le vendeur provoque la vente forcée de l'immeuble. Dans ce cas si le prix d'adjudication n'est pas suffisant pour le désintéresser complètement, le vendeur ne pourrait, en offrant de restituer le prix d'adjudication, demander la résolution de l'adjudication. Ici le vendeur renonce tacitement à son droit de résolution, car il a intérêt à ce qu'il se présente des adjudicataires, et pour qu'il s'en présente, il faut bien qu'il renonce au droit de pouvoir les évincer plus tard, si le prix d'adjudication n'est pas suffisant pour le désintéresser intégralement ; c'est bien aussi sur la foi de cette renonciation que les tiers se portent adjudicataires, car ils n'achèteraient pas évidemment, s'ils n'étaient pas sûrs *de conserver la* chose (1).

Un cas encore où la renonciation au droit de faire résoudre la vente ne nous paraît pas douteuse, c'est lorsque le vendeur a autorisé ou approuvé la revente de la chose vendue ou la concession de droits réels sur cette chose. Son consentement à la revente ou à la concession de droits réels, en effet, ne peut avoir pour objet que la consolidation de la première vente pour garantir les tiers au profit desquels a eu lieu la revente ou la constitution de droits réels, contre l'éviction qui pourrait résulter de l'exercice de son droit de résolution. Ce point est généralement admis (2).

Mais des dissidences s'élèvent quand il s'agit de savoir dans quels cas il y aura de la part du vendeur autorisation

1. Toulouse, 24 août 1844, Dal. 1845, 4, 521.
2. Aubry et Rau, IV. § 356, textes 51 et 52. Laurent XXIV, 363.

ou approbation entraînant la renonciation au droit de résolution. Ainsi le vendeur qui a produit dans un ordre ouvert pour la distribution du prix provenant de la revente approuve-t-il par cela même la revente? Peut-il, s'il n'est pas intégralement désintéressé, exercer encore son droit de résolution ?

C'est là un point très controversé.

Suivant quelques auteurs, le vendeur qui se présente à un ordre, sans réserve, ratifie la transmission de la propriété entre les mains des tiers acquéreurs et s'interdit, par conséquent, le droit de demander la résolution du contrat.

Suivant d'autres, au contraire, le vendeur dans cette hypothèse conserve son droit de demander la résolution de la vente. Cette doctrine nous semble mieux interpréter l'intention du vendeur qui se présente à un ordre ouvert pour la distribution des deniers provenant de la revente, parce que le vendeur qui demande à être colloqué sur le prix de la revente, ne prend aucun engagement préalable envers l'acheteur ; il ne fait que profiter tout simplement de l'occasion qui se présente à lui de se faire payer de ce qui lui est dû. Produire dans sa pensée, c'est demander à l'acheteur le paiement du prix, ce qui n'implique nullement, comme nous l'avons déjà dit, l'intention de renoncer au droit de demander la résolution ; dès lors nous ne voyons aucune raison d'admettre une solution différente lorsqu'au lieu de s'adresser à son acheteur direct, le vendeur s'adresse au sous-acquéreur. C'est en vain que l'on objecte qu'en demandant à être colloqué sur le prix de la revente;

le vendeur approuve par la même là revente et renonce par
conséquent à son droit de résolution, car la renonciation,
à supposer qu'il y en ait une, ne serait que conditionnelle
et par suite subordonnée au paiement du prix. C'est encore
en vain que l'on objecterait que le sous-acquéreur est de
bonne foi, qu'il a pu compter sur cettte renonciation puisque le vendeur s'est ainsi associé à la sous-aliénation, car
ce qu'il faudrait prouver avant tout, c'est que le vendeur
qui a produit à l'ordre a approuvé la revente et par suite
renoncé à son action résolutoire ; or, nous croyons avoir
démontré que telle n'est pas l'intention du vendeur qui
vient se faire payer sur le prix de la revente (1).

Si le vendeur a accepté le sous-acquéreur comme débiteur du prix au lieu et place de son acheteur direct, quel
sera l'effet de cette acceptation ? Impliquera-t-elle de sa
part une renonciation à son droit de résolution ?

Nous ne le pensons pas. Le vendeur pourra toujours
demander la résoluion du contrat, car en acceptant la délégation, il a vraisemblablement entendu conserver contre le
délégué, tous les droits qu'il avait contre le déléguant. Il
pourra agir en résolution même dans le cas où la délégation
entraîne novation (art. 1275, C. civ.) ; seulement dans ce
cas, c'est du chef de son acheteur qu'il pourra agir en
résolution, pourvu toutefois que celui-ci n'ait pas renoncé
à son droit de résolution.

<hr>

1. Laurent, XXIV, 363. — Demol. contrat II, 534 et 536. — Req. rej.
11 décembre 1855. Sir. 57, 1, 60, V. toutefois nos explications sur la loi
du 2 juin 1841.

Si nous supposons, enfin, que le vendeur originaire a renoncé expressément à son droit de résolution en consentant à être délégué sur le prix dû par le sous-acquéreur, le second vendeur resté créancier d'une partie du prix conserve-t-il néanmoins le droit d'agir en résolution contre son acheteur ?

Il faut, à notre sens, répondre affirmativement parce que l'action en résolution qui appartient à l'acheteur contre le sous-acquéreur est indépendante de celle qui appartient au vendeur originaire pusqu'elle ne dérive pas du même contrat ; aussi, la renonciation que fait le vendeur originaire à son droit de résolution, ne peut porter atteinte à l'action résolutoire que l'acheteur a le droit d'exercer de son chef contre le sous-acquéreur s'il ne paie pas tout le prix de vente (1).

Nous donnerons la même solution au cas où la chose vendue a été revendue pour partie en détail, et que les sous-acquéreurs ont payé entre les mains du vendeur originaire le montant de leurs acquisitions. Le vendeur non payé de la portion qui est restée entre les mains de son acheteur direct peut demander la résolution de cette partie de la vente, car on ne peut induire de ce qu'il a ratifié la revente, qu'il a entendu renoncer à son droit de résolution à l'encontre de son acheteur direct pour la partie de la vente restée entre ses mains. L'acheteur ne peut se plaindre. N'est-ce pas, en effet, par suite des reventes qu'il a

1. Aubry et Rau, IV, § 356, texte et note 53. — Cass., chambres réunies, 20 juin 1850. Sir., 1850, 1, 651.

consenties, que le vendeur se trouve dans l'impossibilité d'agir en résolution pour le tout? Comment admettre dès lors, qu'il puisse tirer de son propre fait une fin de non-recevoir contre la demande en résolution formée contre lui. D'ailleurs cette manière d'opérer lui évite des recours en garantie (1).

III. — *Prescription.*

Le droit de demander la résolution de la vente pour défaut de paiement du prix ne se prescrit que par trente ans, tant que la chose vendue reste dans les mains de l'acheteur (art. 2262, C. civ.). Il dure autant que le droit principal de demander le paiement du prix dont il n'est que l'accessoire ; aussi, faut-il admettre que toutes les circonstances qui viendraient suspendre ou interrompre la prescription de la créance du prix, auraient également pour effet de suspendre ou d'interrompre l'action en résolution.

Si la chose vendue a passé dans les mains d'un sous-acqué-reur qui s'est obligé personnellement aux lieu et place de son auteur, ou qui a su au moment de son acquisition, que tout ou partie du prix restait dû au vendeur originaire, le droit de résolution pourra également être exercé pendant trente ans. Mais si nous supposons que le sous-acquéreur est de bonne foi, il faut distinguer si la vente a eu pour objet un meuble ou un immeuble. Dans le premier cas, il pourra

1. Troplong, *Vente*, II, 657. — C. de Bourges, 31 juillet 1852, Dal. 56, 2, 4.

échapper à l'anéantissement du contrat en invoquant l'article 2279 du Code civil, contre l'action résolutoire du vendeur originaire. Dans le second cas, c'est-à-dire lorsqu'il s'agit d'un immeuble, le droit de résolution s'éteint par l'usucapion de dix à vingt ans, car on se trouve alors en présence d'une prescription acquisitive et non pas d'une prescription libératoire puisque le tiers acquéreur n'a contracté aucun engagement avec le vendeur originaire et que ce n'est pas contre lui qu'est dirigée directement l'action en résolution. S'il est tenu envers le vendeur, c'est uniquement parce qu'il est détenteur d'une chose qui appartient au vendeur. Il s'agit donc pour lui de prescrire afin de dégager l'immeuble, qu'il détient, du droit de résolution dont il est grevé. En un mot, il est dans la même position que celui qui détient un immeuble grevé d'hypothèque ; comme lui, il doit par conséquent être admis, à raison de sa bonne foi, à prescrire par dix ou vingt ans pour s'affranchir du droit de résolution qui compète au vendeur originaire. On objecte, il est vrai, que la prescription de dix à vingt ans n'a été établie que pour celui qui possède en vertu d'un titre émané à *non domino* ; or, dit-on, tel n'est pas le cas du sous-acquéreur puisqu'il a acquis du véritable propriétaire. Donc le droit de demander la résolution de la vente doit durer trente ans, conformément à l'article 2262 du Code civil, même contre le sous-acquéreur de bonne foi.

Cette objection n'est pas fondée, puisqu'il s'agit dans notre cas, nous venons de le voir, d'une prescription acquisitive et non pas d'une prescription libératoire. Notre solution qui est en parfaite harmonie avec les principes du Code, est également conforme aux traditions en matière de prescription acquisitive. Pothier nous apprend, en effet, que la prescription de dix à vingt ans fait acquérir la propriété aussi franchement et aussi pleinement que le possesseur de bonne foi a cru l'avoir et qu'elle éteint de plein droit toutes les charges réelles dont était grevé l'héritage qui n'ont été déclarées au possesseur par son contrat et qu'il a ignorées (1).

Ajoutons toutefois que le cas où le sous-acquéreur pourra invoquer la prescription de dix à vingt ans, se présentera rarement, car l'action résolutoire du vendeur lui sera presque toujours révélée soit par le contrat, soit par l'inscription prise en vertu de la loi du 23 mars 1855. Il peut cependant se présenter ; ainsi l'acte de vente porte que le prix de l'immeuble vendu a été complètement payé.

Une difficulté s'est élevée sur le point de savoir si le sous-acquéreur pouvait prescrire, alors même que le terme fixé pour le paiement du prix de la première vente n'était pas encore échu. Nous n'hésitons pas à répondre affirmativement. L'article 2257 du Code civil que l'on invoque dans l'opinion contraire ne s'applique pas, selon nous, à la prescription acquisitive ; le texte même de cet article l'indique nettement puisqu'il ne parle que de créances : « la prescription ne court point à l'égard d'une *créance* à jour fixe jusqu'à ce que ce jour soit arrivé (2). »

1. *Traité de la prescription*, n° 126,
2. Aubry et Rau, II, § 213, texte et note 17.

Section II

Causes spéciales aux ventes mobilières.

L'article 550 du Code de commerce porte qu'en cas de faillite, le privilège et le droit de revendication établi par l'article 2102-4° du Code civil au profit du vendeur d'effets mobiliers, ne seront pas admis.

Mais que décider relativement à l'action en résolution ? La question de savoir si elle survivait à la faillite, ou si, au contraire, elle s'éteignait avec elle, était discutée avant la loi de 1838. Aujourd'hui, la controverse n'est plus possible. En effet, les auteurs de la loi de 1838 en rédigeant l'article 550 du Code de commerce, ont voulu mettre le vendeur dans la position d'un créancier ordinaire, en lui enlevant les faveurs dont sa créance est entourée. Ce serait donc aller contre cette intention certaine du législateur, que de permettre au vendeur d'exercer l'action en résolution, dont le résultat serait sinon identique, au moins tout aussi désastreux pour la masse des créanciers, que l'exercice du privilège lui-même. Telle est la solution adoptée à peu près unanimement par les auteurs et par la jurisprudence (1).

1. V. Notamment Alauzet sur l'article 550 du Code de com.

Section III.

Causes spéciales aux ventes d'immeubles.

Sous l'empire du Code civil, le vendeur non payé avait toujours le droit de faire résoudre la vente, et reprendre ainsi des mains des tiers la propriété de l'immeuble qu'il avait vendu. Ce principe n'admettait qu'une seule exception, c'était lorsque le vendeur saisissait l'immeuble et le faisait vendre pour se payer du prix qui lui était dû. Il était censé, alors, avoir renoncé à son droit de résolution.

Indépendant du privilège dont la conservation ou l'extinction n'entravait en rien son exercice, le droit de résolution du vendeur non payé n'était astreint à aucune condition de publicité ; ainsi les formalités de la purge, l'adjudication sur saisie, qui affranchissaient l'immeuble vendu du privilège, le laissaient grevé du droit de résolution que le vendeur pouvait toujours exercer tant qu'il n'était pas intégralement payé. On voit dès lors quels graves inconvénients entraînait un pareil système au point de vue du crédit public, en raison de l'incertitude qui planait ainsi sur la propriété. Il y avait donc urgence à ce que le législateur fit cesser un état de choses si fâcheux qui avait fatalement pour effet d'entraver la circulation des biens, de paralyser l'essor des améliorations utiles, de ruiner enfin le crédit public, en restreignant dans certaines limites le droit de résolution.

Les réformes cependant se firent longtemps attendre et ce n'est qu'en 1833 que fut fait le premier pas. On discutait alors la loi du 7 juillet sur l'expropriation pour cause d'utilité publique. Dans un intérêt facile à comprendre (l'expropriation devant aboutir à tout événement), il fut décidé que les actions en résolution, en revendication, et toutes autres actions réelles, ne pourraient arrêter l'expropriation ni en empêcher l'effet. Le droit des réclamants, toutefois, n'était pas éteint, mais simplement transporté sur l'indemnité. Cette disposition parfaitement logique fut reproduite par l'article 18 de la loi du 3 mai 1841 qui vint à son tour apporter encore une nouvelle restriction au droit de résolution du vendeur.

Dans l'ancien Code de procédure, le vendeur pouvait exercer son droit de résolution contre l'adjudicataire sur saisie (art. 731). Cette législation avait donné lieu à de très ardentes critiques. On disait qu'il était injuste de permettre au vendeur de venir dépouiller l'adjudicataire qui tenait ses droits de la justice et mettre ainsi à néant une procédure longue et coûteuse qu'il eût pu empêcher en exerçant son action en résolution, au début des poursuites. On faisait également remarquer que la crainte d'être soumis au droit de résolution après l'adjudication sur saisie immobilière écartait les enchérisseurs et empêchait ainsi la vente de monter à sa véritable valeur. L'adjudicataire, ajoutait-on, n'a rien à se reprocher ; il n'est pas dans la même situation que l'acheteur amiable de l'immeuble. Celui-ci traite directement avec le vendeur ; il peut exiger de lui la preuve qu'il a payé son prix à son auteur ; il peut même, s'il a négligé de se faire fournir cette preuve, se refuser à payer son prix au vendeur, dans le cas où son droit serait menacé de résolution, jusqu'à ce que celui-ci justifie de sa libération à l'égard du précédent vendeur. Au contraire, l'adjudicataire sur saisie immobilière peut parfaitement ignorer que le vendeur originaire est encore créancier du prix de vente, ou s'il l'a su, il a pu croire que le vendeur se contenterait d'user de son privilège et de produire à l'ordre ; le poursuivant d'ailleurs, ne peut pas toujours donner des renseignements précis sur le paiement du prix des ventes précédentes.

On adressait encore à ce système une autre critique très grave : l'adjudicataire est obligé de payer le prix d'adjudication immédiatement ; aussi est-il toujours exposé à perdre tout ou partie des deniers payés, car la résolution, si elle a lieu, ne lui laissera qu'un recours presque toujours illusoire contre le saisi insolvable. Les intérêts les plus respectables sont ainsi compromis et sacrifiés au droit d'un créancier qui le plus souvent est coupable de négligence ou de mauvaise foi.

Frappé des inconvénients que présentait ce système, le législateur reconnut la nécessité de réglementer le droit de résolution du vendeur, en tant que ce droit s'exercerait contre les adjudicataires de l'immeuble saisi. C'est alors que la loi du 2 juin 1841, modificative du Code de procédure civile, vint mettre fin à ce fâcheux état de choses.

Le nouvel article 717 du Code de procédure fut ainsi

conçu : «..... l'adjudicataire ne pourra être troublé dans sa propriété par aucune demande en résolution fondée sur le défaut de paiement du prix des anciennes aliénations, à moins qu'avant l'adjudication la demande n'ait été notifiée au greffe du tribunal où se poursuit la vente. Si la demande a été notifiée en temps utile, il sera sursis à l'adjudication, et le tribunal, sur la réclamation du poursuivant ou de tout créancier inscrit, fixera le délai dans lequel le vendeur sera tenu de mettre à fin l'instance en résolution.

Le poursuivant pourra intervenir dans cette instance.

Ce délai expiré sans que la demande en résolution ait été définitivement jugée il sera passé outre à l'adjudication, à moins que, pour des causes graves et dûment justifiées, le tribunal n'ait accordé un nouveau délai pour le jugement de l'action en résolution.

Si, faute par le vendeur de se conformer aux prescriptions du tribunal, l'adjudication avait eu lieu avant le jugement de la demande en résolution, l'adjudicataire ne pourrait pas être poursuivi à raison des droits des anciens vendeurs, sauf à ceux-ci à faire valoir, s'il y a avait lieu, leurs titres de créances, dans l'ordre et distribution du prix de l'adjudication...... » Ainsi en vertu de cet article, le droit de résolution du vendeur non payé, se trouve désormais, en cas de saisie de l'immeuble vendu, subordonné aux trois conditions suivantes :

1° Demander la résolution ;

2° Notifier cette demande au greffe du tribunal où se poursuit l'expropriation ;

3° La faire juger avant l'adjudication dans un délai fixé par le tribunal.

Toutefois, pour que le droit du vendeur ne fut pas trop légèrement sacrifié, le législateur de 1841 eut le soin d'exiger que le vendeur fut prévenu, par une sommation, d'avoir à notifier sa demande en résolution avant l'adjudication :

« ..... Si parmi les créanciers inscrits, dit l'article 692 du Code de procédure, se trouve le vendeur de l'immeuble saisi, la sommation à ce créancier portera qu'à défaut de former sa demande en résolution et de la notifier au greffe avant l'adjudication, il sera définitivement déchu, à l'égard de l'adjudicataire, du droit de la faire prononcer.... »

La loi du 21 mai 1858 qui a remanié le Code de procédure sur les saisies immobilières, a complété cet article 692 qui donnait lieu à un inconvénient très grave. En effet, d'après la loi de 1841, la sommation devait être faite au domicile élu dans l'inscription ; or, le conservateur n'ayant pas mission de faire pour le vendeur une élection de domicile, il en résultait que le vendeur ne recevait aucune sommation, toutes les fois que son privilège avait été conservé par la transcription. C'est pour éviter cet inconvénient que la loi du 21 mai 1858 a déclaré qu'à défaut de domicile élu par le vendeur, la sommation serait faite à son domicile réel, pourvu que ce domicile soit fixé dans la France continentale (art. 692, C. pr. civ., modifié par la loi du 21 mai 1858).

Si le vendeur avait concédé un terme pour le paiement, il pourrait néanmoins intenter son action en résolution bien que le terme ne dût venir à échéance qu'après le jugement d'adjudication, car l'article 717 a eu simplement pour but d'empêcher les conséquences d'une résolution postérieure au jugement d'adjudication et non pas de dépouiller le vendeur de son droit de résolution. On ne pourrait pas d'ailleurs forcer le vendeur à attendre l'échéance du terme pour agir en résolution, qu'en lui permettant d'évincer l'adjudicataire; or, ce résultat est inadmissible, car il violerait ouvertement l'article 717 du Code de procédure civile. Mais la main-levée de la saisie immobilière, régulièrement donnée par le poursuivant, ayant pour effet d'annuler toute la procédure antérieure et de remettre chacune des parties dans la situation où elle se trouvait à l'ouverture des poursuites, ferait tomber l'action en résolution ainsi formée, de sorte que l'exercice de cette action, momentanément modifié par la saisie, se retrouverait soumis à ses règles ordinaires et le vendeur, par suite, ne serait plus reçu à agir en résolution qu'après l'expiration du terme accordé à l'acheteur (1).

Si le vendeur a fait délégation à un tiers de tout ou partie de son prix de vente, on se demande si la sommation exigée par l'article 692 du Code de procédure, doit être faite au tiers délégataire.

Il faut, croyons-nous, répondre affirmativement ou négativement selon que le tiers délégataire de tout ou partie

______

1. Aubry et Rau, IV, § 356, texte 56. — *Req. rej.*, 11 avril 1866. Sir. 66, 1, 213.

du prix de vente, peut ou non être rangé parmi les créanciers inscrits sur l'immeuble saisi.

Ainsi, l'inscription prise au profit du vendeur contient-elle une mention expresse tant de la délégation que de son acceptation par le délégataire, ou bien celui-ci a-t-il pris une inscription spéciale? Sommation doit être faite à ce tiers délégataire qui sans cela, serait en droit, même après le jugement d'adjudication, d'agir en résolution. Au contraire, si l'inscription prise au profit du vendeur ne contient aucune mention de la délégation, ou bien si le tiers délégataire n'a pas eu le soin de prendre une inscription spéciale, celui-ci ne peut être rangé parmi les créanciers inscrits et, par conséquent, le poursuivant ne peut être tenu de lui faire sommation (1).

Remarquons, toutefois, que le défaut de sommation au créancier délégataire ne saurait le priver du droit d'exercer de son chef une demande en résolution dans la forme prescrite par l'article 717 du Code de procédure civile.

Le vendeur qui n'a point formé sa demande en résolution ou qui n'a pas obtenu de jugement avant que l'adjudication soit prononcée perd définitivement, on le sait, son droit de résolution. Mais le recouvrerait-il par l'effet d'une surenchère ?

Non, car la surenchère ne peut pas faire revivre, en faveur du vendeur, un droit qui a été éteint par l'adjudica-

1. Cass. 18 juin 1866.

tion (1). Ajoutons cependant, que si l'adjudicataire surenchéri ne défendait pas à l'action résolutoire que le vendeur aurait formée dans l'entre-temps, les créanciers du saisi ou le saisi lui-même ne pourraient pas, quelque intérêt qu'ils aient à le faire, opposer à ce vendeur la fin de non-recevoir écrite dans l'article 717. Le texte même de cet article indique nettement, selon nous, qu'il ne peut être invoqué que par l'adjudicataire. Il faut en conclure que si l'adjudicataire s'abstient de défendre à l'action résolutoire, le vendeur conservera intact son droit de résolution tant contre le saisi que contre ses créanciers (2).

Pour compléter nos explications sur l'article 717 du Code de procédure civile, ajoutons que la fin de non recevoir écrite dans cet article, relativement au droit de résolution du vendeur, ne s'applique pas seulement au cas d'adjudication sur saisie, mais encore au cas d'adjudication sur délaissement puisqu'aux termes de l'article 2174 du Code civil, la vente de l'immeuble délaissé est poursuivie dans les formes prescrites pour les expropriations, sur le curateur créé à cet immeuble délaissé.

Cette fin de non recevoir s'applique encore, à notre avis, aux adjudications sur surenchère du dixième après aliénation volontaire. Cela nous semble résulter de l'article 838 du Code de procédure civile qui déclare applicable au cas de surenchère sur aliénation volontaire, les dispositions de

1. C. de Bordeaux 19 fév. 1850. Dal, 1850, 2, 153. — Nîmes, 20 décembre 1860, Dal. 1861, 2, 92.
2. Req. rej. 11 juin 1860.

l'article 717 du même Code relatives aux effets des adjudications sur saisie. On fait, il est vrai, contre notre doctrine, une objection qui peut paraître très grave. L'article 838, dit-on, déclare bien, en termes généraux, l'article 717 applicable au cas de surenchère sur aliénation volontaire, mais il ne fait pas une semblable déclaration en ce qui concerne l'article 692 du Code de procédure civile. Or, la sommation à faire au vendeur, en vertu de ce dernier article, forme la condition *sine qua non* de l'application des dispositions de l'article 717 relatives à l'action résolutoire. Il faut donc en conclure que ces dispositions sont étrangères au cas de surenchère. Mais il est aisé de répondre que si l'article 838 ne renvoie pas à l'article 692 en termes exprès, il y renvoie d'une manière implicite en étendant aux adjudications sur surenchère du dixième, les dispositions de l'article 717, et cela justement parce que la sommation à faire au vendeur, que prescrit l'article 692, forme la condition *sine qua non* de l'application des dispositions de l'article 717, relatives à l'action résolutoire du vendeur. D'ailleurs, le dernier alinéa de l'article 838 du Code de procédure nous montre que l'intention du législateur de 1858 a bien été de faire produire autant que possible, à l'adjudication sur surenchère après aliénation volontaire, les effets de l'adjudication sur saisie et qu'ainsi l'adjudication sur surenchère du dixième éteindra le droit de résolution du précédent vendeur non payé (1).

1. Colmet-Daage, II, n° 1098, page 508 (13e édition). — En sens contraire Aubry et Rau, IV, § 356, texte et note 58.

Un dernier point enfin sur lequel on n'est pas d'accord, c'est celui de savoir si le vendeur conserve son droit de résolution au cas où la poursuite d'expropriation a été convertie en vente volontaire. Si la conversion a eu lieu avant la sommation prescrite par l'article 692 du Code de procédure civile, le vendeur conserve son droit de résolution, ce point n'est pas douteux ; mais si la conversion n'a eu lieu qu'après que le vendeur aura reçu la sommation d'avoir à notifier sa demande en résolution avant l'adjudication, la question devient délicate.

Selon les uns, l'article 717 est ici applicable. Le vendeur par conséquent, ne pourrait plus, après l'adjudication, intenter son action en résolution, car son inaction doit faire supposer qu'il y a renoncé. Selon d'autres, au contraire, la règle posée par l'article 717 ne s'appliquerait pas dans cette hypothèse.

Il faut, croyons-nous, suivre cette dernière opinion, car la règle de l'article 717 est une règle spéciale qu'on ne peut étendre. C'est donc le droit commun qu'il faut appliquer ici, puisque la loi n'a fixé nulle part les suites de l'adjudication sur conversion. Cette solution est, d'ailleurs, consacrée dans les travaux préparatoires de la loi de 1841. Notre conclusion est donc que le droit de résolution du vendeur subsiste même après l'adjudication (1).

En résumé, les adjudications qui éteignent le droit de résolution du précédent vendeur sont les adjudications sur

1. Aubry et Rau, IV, § 356, texte 57. Chauveau sur Carré, Loi de la procédure, question 2441. C. de Paris 14 août, 1851, Dal, 52, 2, 250.

saisie, sur délaissement et enfin celles sur surenchère après aliénation volontaire.

La loi du **23** mars **1855** est venue enfin apporter une dernière restriction au droit de résolution du vendeur.

Le droit de faire résoudre la vente pour défaut de paiement du prix, n'était astreint sous l'empire du Code civil, nous l'avons dit, à aucune condition de publicité, aussi les tiers qui avaient traité avec l'acheteur couraient toujours le danger de se voir évincés par un précédent vendeur qui n'avait pas été payé, sans que rien ne vînt leur révéler l'existence de ce droit de résolution. Cet état de choses était trop grave pour ne pas attirer l'attention du législateur. En **1841**, une enquête fut ouverte par le garde des sceaux M. Martin (du Nord) sur les modifications à apporter au régime hypothécaire. Les projets de réforme abondèrent et cependant les choses en restèrent là. Ce n'est qu'en **1850** que la question fut enfin portée devant l'assemblée législative.

Le gouvernement et le conseil d'État proposèrent de distinguer la résolution tacite de la clause de résolution expresse. Celle-ci seule devait être opposable aux tiers et le conservateur devait mentionner cette clause dans l'inscription d'office.

Cette réforme parut insuffisante à la commission de l'assemblée législative parce que, disait-elle, cette exception une fois admise, la stipulation de l'action résolutoire n'aurait pas manqué de prendre le caractère d'une clause de style, qui aurait figuré dans tous les actes de vente, et qu'ainsi le but de la loi n'aurait pas été atteint. La commission proposa alors par l'organe de M. de Vatimesnil, son rapporteur, de décider que l'action en résolution ne pourrait être exercée au préjudice des créanciers inscrits sur l'acheteur, ni des tiers acquéreurs ou concessionnaires de droits réels, si l'inscription ou la transcription faite par ce tiers, était antérieure à la mention de la demande en résolution en marge de la transcription de l'acte de vente. Cette motion qui tendait à la suppression presque complète de l'action en résolution à l'égard des tiers fut brillamment défendue. On reprochait au droit de résolution d'attaquer dans sa racine le crédit foncier et d'arrêter la libre circulation des biens. « Tant que vous aurez la condition résolutoire, disait M. Dupont de Bussac, vous aurez là une matière organique qui tuera tout germe de crédit. Tant que vous ne l'aurez pas fait disparaître de votre loi, sachez que votre crédit foncier est mort-né ; vous aurez attaché à ses flancs une cause perpétuelle de ruine *ut lepra cuti.* »

M. Rouher, alors garde-des-sceaux, combattit le projet de suppression de l'action résolutoire, respectivement aux tiers et proposa de rattacher l'existence de l'action résolutoire à l'existence du privilège, de telle sorte que la déchéance de l'un emportât la déchéance de l'autre. « Je viens proposer, disait-il, de rendre publique l'action en résolution du vendeur non payé ou plutôt de rattacher son existence et sa viabilité à la viabilité et à l'existence du privilège. Quand j'aurai aliéné ma propriété, si je néglige de conserver mon privilège, si j'en donne main-levée, je perdrai par voie de

conséquence forcée le bénéfice de mon action résolutoire ; quand je ne pourrai pas exercer mon privilège, je ne pourrai pas exercer mon action résolutoire, de telle sorte que la publicité du privilège lui-même constitue la publicité de l'action résolutoire. » Et M. Rouher proposait cet article :
« L'action résolutoire de la vente établie par l'article 1654 du Code civil ne peut être exercée au préjudice des créanciers inscrits, ni des sous-acquéreurs, ni des tiers-acquéreurs de droits réels, après l'extinction ou la déchéance du privilège. »

M. Valette vint prêter à cet amendement l'appui de son éloquente autorité. Le regretté professeur s'attacha surtout à démontrer qu'il serait injuste de dépouiller, sous prétexte de favoriser le crédit public, le vendeur d'un droit légitime puisqu'il est le résultat d'une convention expresse ou sous-entendue du contrat de vente. « Nous devons, disait-il, organiser les droits, les réglementer tous, mais non sacrifier les uns en vertu d'une idée préconçue, pour mieux faire fructifier les autres. » Tout ce que l'on peut raisonnablement demander, ajoutait l'illustre professeur, dans l'intérêt du crédit public, c'est que l'existence du droit de résolution soit connu de ceux qui peuvent avoir à traiter avec l'acheteur. Ces raisons l'emportèrent et l'amendement fut adopté. Mais les graves événements qui suivirent, en empêchèrent le vote définitif.

La question fut reprise en 1855 à propos du projet de loi sur la transcription, et l'article 7 de la loi du 23 mars

1855 vint définitivement consacrer l'idée qui avait inspiré l'amendement Rouher.

Cet article est ainsi conçu : « L'action résolutoire établie par l'article 1654 du Code Napoléon ne peut être exercée après l'extinction du privilège du vendeur, au préjudice des tiers qui ont acquis des droits sur l'immeuble du chef de l'acquéreur et qui se sont conformés aux lois pour les conserver. »

L'application de cet article a fait naitre des difficultés que nous allons examiner.

Une observation importante à faire sur cet article, c'est que lorsque le privilège est éteint, le droit de résolution l'est aussi, mais seulement à l'égard des tiers qui ont acquis des droits réels sur l'immeuble, du chef de l'acquéreur, et qui les ont conservés conformément à la loi, en faisant transcrire ou en prenant inscription. L'action résolutoire subsiste, par conséquent, avec tous ses effets, et l'article 7 reste sans application, malgré l'extinction du privilège à l'égard de l'acquéreur lui-même, de ses héritiers légitimes ou testámentaires, de ses créanciers chirographaires, en un mot à l'égard de toutes personnes qui ne seraient pas des tiers mais de simples ayant-cause de l'acheteur.

De quelque manière que le privilège ait cessé d'exister, l'extinction du privilège entraîne l'extinction de l'action résolutoire. La généralité des termes de l'article 7, et surtout son esprit, ne laissent pas de doute à cet égard, puisque le législateur de 1855 n'a fait que reproduire dans cet article, le principe de l'amendement de M. Rouher. Aussi est-on allé jusqu'à dire que la loi de 1855 avait solidarisé le privilège du vendeur et son droit de résolution. Mais cela n'est pas absolument vrai, puisque, comme nous venons de le dire, la perte du privilège n'entraîne la perte du droit de résolution qu'à l'égard des tiers qui ont acquis des droits réels sur l'immeuble et qui les ont conservés conformément à la loi. De plus il peut se faire que le privilège existe sans le droit de résolution ; c'est ce qui a lieu notamment dans l'hypothèse de l'article 717 du Code de procédure civile, que nous venons d'étudier, et dans celle où le vendeur, par une convention expresse, aurait renoncé à son droit de résolution, ce qui ne l'empêcherait pas de conserver son privilège.

Ainsi toute cause d'extinction du privilège entraîne en principe, par voie de conséquence forcée, l'extinction du droit de résolution. Ce droit sera, par conséquent, perdu par suite de la perte du privilège, lorsque la vente n'aura pas été transcrite et qu'aucune inscription directe n'aura été prise dans le délai utile, ou bien lorsque le vendeur, après avoir pris inscription pour la conservation de son privilège, conformément à l'article 6 de la loi du 23 mars 1855, aura laissé périmer cette inscription en ne la renouvelant pas dans les dix ans, ou bien encore lorsqu'il aura laissé périmer l'inscription d'office faite par le conservateur des hypothèques. Sur ce dernier point, toutefois, on n'est pas d'accord.

Ainsi on a prétendu que l'inscription d'office n'est pas sujette au renouvellement décennal, car la transcription

qui a pour effet de conserver à elle seule le privilège du
vendeur n'a été soumise, par la loi, à aucun renouvellement (1). La réfutation de cette opinion résulte du texte
même de l'article 2108 du Code civil qui nous dit que la
transcription ne vaut que comme inscription ; or, elle vau-
drait davantage, si on la dispensait du renouvellement
décennal. D'ailleurs, l'avis du conseil d'État du 22 janvier
1808 décide formellement que l'inscription prise d'office
par le conservateur, en vertu de l'article 2108, doit être
renouvelée par le créancier intéressé (2). Ajoutons, cependant, que le vendeur qui a laissé périmer son inscription,
conserve néanmoins la faculté de s'inscrire, aussi rien ne
peut l'empêcher de prendre une nouvelle inscription qui
fera revivre son privilège et par suite son droit de résolution, mais seulement à l'égard des tiers, créanciers ou
sous-acquéreurs, dont le titre sera rendu public postérieurement à cette inscription (3).

L'action résolutoire serait encore éteinte dans le cas où
le vendeur, renonçant à son privilège, stipulerait qu'il se
réserve son droit de résolution. Cette réserve serait, en
effet, pleine de dangers pour les tiers, puisqu'elle aurait
tous les inconvénients de la clandestinité (4).

Demandons-nous maintenant, quel sera le sort de l'ac-

1. Pont. Priv. et hypoth. n⁰ 274. Flandin. Transcrip. II, 1104 et suiv.

2. Aubry et Rau, III, § 280, texte et note 3, Troplong. Transcrip n⁰ 294.

3. Troplong. Transcr. 292 et 293. — En sens contr. Flandin *op. cit.* n⁰ˢ
1095 et 1176.

4. Troplong. *Op. cit.* 291. Flandin, *op. cit.* II. 1173. — Mourlon.
Transcrip. n⁰ 798.

tion résolutoire, lorsque le sous-acquéreur d'un immeuble aura rempli les formalités de la purge vis-à-vis du vendeur originaire non payé, resté étranger à la revente, et des créanciers inscrits, sans qu'il survienne aucune surenchère dans les délais légaux.

Dans une première opinion, on soutient que le vendeur, dans cette espèce, conserve intact son droit de résolution, car, dit-on, la purge à proprement parler n'est pas une cause d'extinction du privilège, mais un acheminement à cette extinction qui n'est opérée que par le paiement. Ce qu'éteint la purge, c'est le droit de surenchérir ; quant au droit de préférence sur le prix, elle le laisse intact. Elle n'éteint même pas complètement le droit de suite, car jusqu'au paiement de la somme offerte, l'immeuble reste affecté à la sûreté des créanciers inscrits.

Dans une seconde opinion, que nous croyons préférable, on soutient que le vendeur perd, dans ce cas, son droit de résolution par application de l'article 7 de la loi de 1855, puisque l'article 2180 du Code civil range la purge parmi les causes d'extinction du privilège.

Cette solution est, d'ailleurs, conforme au véritable but de la purge qui est destinée à éloigner du tiers acquéreur tout danger de dépossession. Ajoutons enfin, que le vendeur, en exerçant l'action résolutoire, se prévaudrait d'un droit de suite ; or, à ce point du vue, le privilège est certainement éteint, et partant, le droit de résolution doit avoir le même sort (1).

1. Mourlon, op. cit. nᵣ 804.

Une dernière question fort controversée à laquelle donne lieu l'interpétation de notre article 7 est celle de savoir si, dans le cas où l'acheteur vient à tomber en faillite, le vendeur qui n'a pas conservé son privilège par la transcription ou par une inscription directe est dèchu de l'action résolutoires.

Et d'abord, la faillite de l'acheteur enlève-t-elle au vendeur non payé la faculté d'inscrire utilement son privilège ?

L'affirmative nous semble clairement résulter des termes de l'article 448 du nouveau code de commerce :

« Les dates d'hypothèque et de privilège valablement acquis pourront être inscrits jusqu'au jour du jugement déclaratif de la faillite. » Donc ils ne peuvent plus l'être après ce jugement.

Ce point établi, voyons maintenant si le vendeur, déchu de son privilège, est aussi déchu de son droit de résolution, par application de l'article 7 de la loi du 23 mars 1855.

Cette question a fait naître un grand nombre d'opinions différentes. Nous nous bornerons à exposer les trois systèmes principaux qui divisent aujourd'hui les interprètes.

Dans un premier système, on soutient que le vendeur, déchu de son privilège, est aussi déchu de son droit de résolution. Dans un second système, on décide que, nonobstant l'extinction du privilège, le vendeur peut user contre la masse, de son action résolutoire, mais seulement jusqu'au moment où l'inscription hypothécaire prescrite par l'article 490 du Code de commerce aura été prise.

On soutient enfin dans un troisième système que le vendeur, bien que son privilège soit éteint, conserve néanmoins son action résolutoire, et ce, alors même que les
syndics auraient requis inscription sur les immeubles du
failli, conformément à l'article 490 du Code de commerce.

Pour soutenir que le vendeur déchu de son privilège par
suite de la faillite de son acheteur, est également déchu de
son action résolutoire, on dit que le dessaisissement qu'opère
la faillite, donne aux créanciers du failli un véritable droit
réel sur chacun de ses biens et par conséquent sur le bien
vendu, qui les fait passer dans la catégorie des tiers, dans
le sens de l'article 7 de la loi de 1855 (1),

Nous repoussons cette doctrine. car, pour invoquer l'article 7, il faut avoir acquis des droits réels sur l'immeuble ;
or le dessaisissement ne donne aux créanciers aucun droit
de ce genre.

Par le jugement déclaratif de la faillite, le failli est tout
simplement dessaisi de l'administration de ses biens, qui
passe à ses créanciers, dans le but de les mettre à même de
veiller à ce que leur débiteur ne porte, pas ses actes, aucune atteinte au droit de gage général qu'ils ont sur ses
biens, devenus indisponibles à son égard. La masse chi-
rographaire est tout simplement mise aux lieu et place du
failli ; elle ne peut donc jouir que des mêmes prérogatives
dont jouissait le failli lui-même ; or, incontestablement
celui-ci n'est pas un tiers dans le sens de l'article 7 ; ses

1. Troplong. Transcrip. 282, 295 et suiv.

créanciers, qui le représentent, ne peuvent donc pas être considérés comme des tiers. Il en résulte que ces créanciers ne peuvent pas invoquer, contre l'action en résolution du vendeur, la fin de non-recevoir tirée de l'article 7 de la loi de 1855.

Dans le système de ceux qui pensent que le vendeur conserve, malgré la perte de son privilège, son action résolutoire, mais seulement jusqu'au moment où l'inscription prescrite par l'article 490 du Code de commerce a été prise par les syndics de la faillite, on raisonne ainsi : le jugement déclaratif de faillite ne conférant pas aux créanciers chirographaires un véritable droit réel capable d'arrêter l'action résolutoire du vendeur, ces créanciers, jusqu'à l'inscription, sont toujours des créanciers chirographaires. Mais leur situation change du moment où l'inscription a été prise, car dès ce moment, ces créanciers acquièrent un véritable droit réel, un droit d'hypothèque qui les fait passer dans la catégorie des tiers et les habilite, à ce titre, à se prévaloir de l'article 7 de la loi de 1855 (1).

Dans le troisième système on enseigne que malgré la perte du privilège, le vendeur conserve toujours son action résolutoire, même après l'inscription prise par les syndics de la faillite.

Certains auteurs qui adoptent cette solution, la justifient en disant que l'inscription prise par les syndics, conformément à l'article 490, ne confère aucune hypothèque aux

---

1. Rivière et Huguet. *Quest.* n° 370 à 376. M. Rivière. *Revue crit. de lég. et de jur.* T. 15, pag. 433.

créancier ; qu'elle a uniquement pour objet de donner une nouvelle et plus large publicité à la faillte elle-même (1).

A notre avis, soit que l'on reconnaisse ou non aux créanciers de la faillite un véritable droit réel, il faut décider que l'action en résolution survit à l'extinction du privilège dans l'hypothèse prévue par l'article 448 du code de commerce.

En effet, on admettra bien avec nous que cette solution était exacte avant la loi de 1855. Or, cette loi n'a pas pu modifier en rien la situation du vendeur en cas de faillite de l'acheteur.

La loi de 1855 n'a pas eu pour but, ainsi que nous l'avons dit plus haut, de solidariser complètement le privilège et le droit de résolution, puisque ce dernier droit survit dans certains cas au privilége. La faillite nous offre un nouvel exemple de l'indépendance de ces deux droits. L'article 7 en un mot doit être entendu *secundum subjectam materiam*, et il ne nous paraît pas douteux que le législateur, lorsqu'il a rédigé cet article, a eu en vue seulement le cas où le privilège est éteint faute de publicité avant la transcription d'une nouvelle aliénation. En d'autres termes l'article 7, comme les autres dispositions de la loi de 1855, se place dans l'hypothèse du droit de suite. Tout autre est le cas prévu par l'article 448 du Code de commerce.

Dans cette hypothèse l'immeuble n'a pas été aliéné par l'acheteur, c'est-à-dire le failli ; il est toujours entre ses

1. Demangeat. sur Bravard. V. p. 291 et 292 à la note. Pont, *Revue critiq.* XVI, p. 385.

mains, et par suite, l'article 7 de la loi de 1855 est étranger à la matière. Nous sommes donc toujours sous l'empire des règles en vigueur avant 1855, et dès lors, la solution ne saurait être douteuse : l'action en résolution survit à l'extinction du privilège (1).

La question que nous venons de poser au cas de faillite de l'acheteur, se présente à peu près dans les mêmes termes quand l'acheteur est venu à mourir et que sa succession a été acceptée sous bénéfice d'inventaire (art. 2145, C. civ.).

Nous admettons sans hésiter la même solution qu'en matière de faillite, car ici nous n'avons pas la complication résultant de l'article 490 du Code de commerce. Le vendeur pourra donc toujours, malgré la perte du privilège, intenter dans ce cas l'action en résolution.

Il nous reste à dire quelques mots d'une dernière innovation contenue dans l'article 4 de la loi du 23 mars 1855, relativement à la résolution en matière immobilière. Cette règle nouvelle concerne la publicité établie pour le jugement qui prononce la résolution. Aux termes de l'article 4, ce jugement doit être mentionné en marge de l'acte d'aliénation transcrit, et cela dans six mois à dater du jour où il a acquis l'autorité de la chose jugée, c'est-à-dire à partir du jour où il n'est plus susceptible d'être réformé par les voies ordinaires, l'opposition ou l'appel.

Le soin de requérir la mention n'incombe qu'à l'avoué de la partie qui a obtenu le jugement de résolution.

---

1. Demangeat, V, p. 291, 292. — Boistel, *Précis de dr. comm.* p, 652.

L'avoué qui omet de remplir cette formalité est passible d'une amende de 100 francs, mais le jugement n'en est pas moins opposable aux tiers qui contracteraient avec l'ancien acheteur, postérieurement à la résolution.

Il faut même décider dans le silence de la loi, que ces tiers ne pourraient pas réclamer à l'avoué négligent des dommages-intérêts pour le préjudice qu'ils auraient éprouvé par suite du défaut de mention.

Disons en terminant que dans les ventes qui à raison de la nature de leur objet, ne donnent pas au vendeur un privilège (constitution de servitude, par exemple), le droit de résolution qui appartient au vendeur pour le cas où le prix ne serait pas payé, échappe nécessairement à l'application de notre article 7 et reste par conséquent soumis aux règles du Code civil.

Remarquons encore que la disposition de l'article 7 est étrangère au cas où la demande en résolution est fondée sur toute autre cause que le défaut de paiement du prix.

Une dernière remarque à faire c'est que la loi du 23 mars 1855 n'est devenue obligatoire qu'à partir du premier janvier 1856 (art. 10, de la loi précitée).

Il en résulte que les jugements de résolution, intervenus jusqu'alors, demeurent sous l'empire du Code et n'ont pas besoin d'être rendus publics. Quant aux jugements rendus depuis le 1er janvier 1856, ils sont soumis à la publicité. Mais la forme de cette publicité varie suivant qu'ils prononcent la résolution de ventes passées et ayant acquis date certaine avant cette époque, ou suivant qu'ils prononcent les résolutions de ventes postérieures. Les jugements de résolution, dans ce dernier cas, doivent être mentionnés en marge de la transcription de la vente, et seulement lorsque cette transcription a été opérée, tandis que les premiers sont eux-mêmes assujettis à la formalité de la transcription, car on ne pouvait les soumettre à une mention, du moment que la vente n'avait pas été transcrite (1).

L'alinéa 4 et l'article 11 de la loi de 1855 dispose enfin que « le vendeur dont le privilège serait éteint au moment où la présente loi deviendra exécutoire pourra conserver vis-à-vis des tiers l'action résolutoire qui lui appartient aux termes de l'article 1654 du Code Napoléon, en faisant inscrire son action au bureau des hypothèques, dans le délai de six mois à partir de la même époque. »

Ce système de publicité si favorable au crédit public, a été généralement adopté dans les législations étrangères. La loi hypothécaire belge, notamment, a admis le principe consacré par cette loi de 1855 relativement à l'action en résolution du vendeur d'immeubles. Le Code civil italien de 1865 est allé beaucoup plus loin dans cette voie.

L'article 1511 est ainsi conçu : « Dans la vente d'immeubles, la condition résolutoire expresse ou tacite qui se réalise dans le cas où l'acheteur n'accomplit pas ses obligations, ne préjudicie point aux tiers qui ont acquis des droits sur les immeubles antérieurement à la transcription de la demande en résolution. »

1. Voir sur tous ces points, l'article 11, al. 3 de la loi de 1855.

Ainsi, cette législation protège plus énergiquement que la nôtre le droit des tiers. Elle a adopté le principe consacré par notre Code civil (art. 938), dans l'hypothèse de la révocation des donations pour cause d'ingratitude. La résolution opère non pas *ex tunc*, mais *ex nunc*, c'est-à-dire dès que la demande a été rendue publique. Le Code civil italien applique cette règle, non-seulement à l'action en résolution du vendeur d'immeubles, mais encore à toute action en révocation ou en rescision d'aliénations immobilières (art. 1933-4°, 1080, 1088, 1235, 1308, 1511, 1553 et 1787).

Ce système nous semble un peu trop protéger le droit des tiers et pas assez celui de l'aliénateur. Il aboutit, en réalité, à la suppression de l'action en résolution. Nous préférons celui du législateur français, qui nous paraît beaucoup plus sage et bien plus favorable au crédit, puisqu'il a su concilier l'intérêt du vendeur et celui des tiers.

APPENDICE

DE LA REVENTE SUR FOLLE ENCHÈRE

(Art. 733 à 740 du Code de procédure civile).

Dans les ventes faites par autorité de justice, il peut arriver que l'acheteur ne paie pas le prix, quelle sera, dans ce cas, la procédure à suivre pour obtenir la résolution ? Devra-t-on faire annuler l'adjudication et accomplir de nouveau toutes les formalités qui sont exigées, par exemple en matière de saisie immobilière ? On comprend que cette voie serait trop longue et trop coûteuse ; aussi, le Code de procédure est venu établir, au profit des créanciers, une voie plus prompte et plus efficace qui les garantit contre l'impuissance ou la mauvaise foi de l'adjudicataire.

La vente sur folle enchère que le législateur a placée au titre de la saisie immobilière et au nombre des incidents de cette saisie (art. 733 à 740) s'applique aux autres ventes judiciaires (art. 964, 988, 997 et 1001 du Code de pr. civ.).

Ajoutons que l'adjudicataire peut, cependant, être contraint, si les créanciers le préfèrent, au paiement du prix, par les voies ordinaires.

On admet généralement, bien que la question n'ait point été tranchée par le Code formellement (art. 733), que les personnes qui peuvent provoquer la revente sur folle enchère sont celles qui sont liées à la poursuite de saisie immobilière, c'est-à-dire le saisi, le poursuivant et les créanciers inscrits.

La procédure de la folle enchère est très peu compliquée. Celui qui veut recourir à cette voie doit d'abord se faire délivrer, par le greffier, un certificat constatant que l'adjudicataire n'a point justifié de l'acquit des conditions exigibles de l'adjudication (art. 734).

C'est sur ce certificat, ou bien si le jugement d'adjudication était délivré, sur le bordereau de collocation, que sont basées les poursuites de folle enchère qui consistent en un commandement et en des placards et annonces suivis des nouvelles enchères (V. art. 736 à 740).

On s'est demandé si l'adjudication sur folle enchère pouvait être frappée d'une surenchère comme l'adjudication sur saisie ?

La question ne fait guère de difficulté pour le cas où la première adjudication n'a pas été l'objet d'une surenchère. Il est probable que le produit de la revente sur folle enchère sera inférieure à celui de l'adjudication et, dans ces circonstances, on ne saurait obliger les créanciers qui peut-être s'étaient contentés du chiffre primitif, à subir cette diminution de valeur en les privant de leur droit de surenchère.

Dans l'hypothèse où la première adjudication a été l'objet d'une surenchère, la question est plus délicate à cause de la règle : surenchère sur surenchère ne vaut (art. 710). Toutefois nous croyons que même ici, les créanciers conservent le droit de surenchérir de nouveau, par la raison que la folle enchère résout la première adjudication et que par suite ni cette adjudication, ni cette surenchère sont censées avoir existé (1).

Mais est-il bien exact de dire que la folle enchère est la sanction d'un droit de résolution pour défaut de paiement du prix, en matière de ventes judiciaires?

La question a été vivement controversée dans la pratique jusqu'à ces derniers temps. La chambre des requêtes avait admis en 1846 sur le rapport de M. Troplong (2) que dans les jugements d'adjudication, le paiement du prix constituait non une condition résolutoire mais une condition suspensive de la vente, de telle sorte que la vente n'existait qu'autant que le prix était payé par l'adjudicataire.

Cette manière de voir est inacceptable car on ne peut expliquer pourquoi le non paiement du prix produit des effets différents suivant qu'il s'agit d'une vente volontaire ou d'une vente judiciaire. Peu importe la voie suivie pour faire anéantir la vente, que ce soit la procédure ordinaire ou celle de la folle enchère, c'est toujours un droit de résolution que l'on exerce. En d'autres termes, la revente sur folle enchère n'est pas autre chose qu'une action en ré-

1. V. En ce sens MM. Boitard et Colmet Daage sur 739.
2. V. Dalloz, P. 1846, 1, 257.

solution appropriée à la situation des parties, en matière d'adjudications.

Cette doctrine était bien celle du rapporteur de la loi de 1841, à la chambre de Paris, lorsqu'il disait : « Ces effets (de la revente sur folle enchère) doivent être les mêmes que ceux que votre commission vous propose d'attacher à l'adjudication primitive , *celle-ci une fois résolue* l'adjudication sur folle enchère prend sa place ; elle devient la véritable adjudication sur saisie immobilière, et en produit tous les effets. »

C'est aussi la solution consacrée par un arrêt récent de la Chambre civile de la cour de cassation en date du 20 janvier 1880, qui déclare que la condition du paiement du prix est résolutoire dans la vente forcée comme dans la vente volontaire. Par application de ce principe l'arrêt décide que si l'adjudicataire qui n'a pas payé le prix, revend à un tiers l'immeuble qui lui a été adjugé, cette vente constitue un juste titre an profit du sous-acquéreur (1).

1. Dal. P. 1880, 1, 65.

POSITIONS

DROIT ROMAIN

I. — La *lex commissoria* n'est pas une application de la
théorie du *contrarius consensus*.

II. — Le vendeur qui exerce la résolution n'a pas, en
principe, le droit de conserver les à-compte payés
par l'acheteur.

III. — L'offre du prix, dans le terme fixé, bien que non
suivie de consignation, suffit pour écarter l'application de la *lex commissoria*.

IV. — En théorie, la clause commissoire est applicable aux
ventes au comptant comme aux ventes à terme.

V. — De tout temps, les jurisconsultes romains ont admis
que par suite de la résolution, la propriété re-
venait *ipso jure* au vendeur.

VI. — La résolution opère en principe, rétroactivement.

DROIT CIVIL FRANÇAIS

I. — L'article 1654 du Code civil s'applique aux ventes
de meubles comme aux ventes d'immeubles.

II. — La revendication dont parle l'article 2102-4° n'est pas une action en résolution.

III. — Le pacte commissoire conçu en ces termes : « *A défaut de paiement dans le délai, la vente sera résolue* », ne produit pas d'autres effets que la condition résolutoire tacite de l'article 1184.

IV. — Dans l'hypothèse où le contrat de vente porte que la vente *sera résolue de plein droit sans sommation*, la résolution ne s'opère pas contre le gré du vendeur.

V. — Dans le cas prévu par l'article 1656, la résolution doit être prononcée en justice.

VI. — La résolution consentie de gré à gré est licite ; elle produit les mêmes effets que la résolution judiciaire.

VII. — Le privilège du vendeur qui n'a pas été rendu public avant le jugement de faillite, ne peut l'être après cette date.

VIII. — Mais dans cette hypothèse, l'action en résolution subsiste.

IX. — L'immobilisation par destination des meubles vendus ne met pas obstacle à l'exercice du droit de résolution, même à l'encontre des créanciers hypothécaires.

X. — L'acquisition du fol enchérisseur est sous condition résolutoire, non sous condition suspensive.

DROIT DES GENS

I. — Les agents diplomatiques français ne sont pas compétents pour célébrer le mariage d'un Français et d'une étrangère.

II. — Un Français qui se marie avec une étrangère peut adopter le régime du pays de son futur conjoint pourvu qu'il ne soit pas contraire aux dispositions générales.

DROIT CRIMINEL

I. — Dans les hypothèses prévues par l'article 380 du Code pénal les complices ne peuvent pas être poursuivis.

II. — L'article 55 du Code pénal établit une véritable obligation solidaire et ne crée pas seulement une obligation, *in solidum*.

Vu par le Président de la thèse,
GÉRARDIN.

Vu par le Doyen,
CH. BEUDANT.

Vu et permis d'imprimer,
Le Vice-Recteur de l'Académie de Paris,
GRÉARD.

Imp. A. DERENNE, Mayenne. — Paris, boulevard Saint-Michel, 52.

Césare 14

Imprimerie A. DERENNE, Mayenne. — Paris, boulevard Saint-Michel, 52.